너울치는 삶에서 달을 건져라

너울치는 삶에서 달을 건져라

법운 지음

운주사

시작하며

이 글은 재가 생활 중 어느 날 갑자기 가뒀던 봇물이 터져 나오듯 스스로 주체할 수 없는 힘에 이끌려 산사를 찾아 들어 출가의 길을 청하였으나 제도적 제한에 부딪혀 그 뜻을 이루지 못한 채 재가 수행자로 살아가면서 지어 나간 수행담과, 끝내 은퇴자 출가제도로 60세에 출가의 길에 들어선 늦깎이 출가 수행자로서의 경험들을 엮은 것입니다.

불자님들이 이 글을 통하여 한 발자국씩이라도 부처님 전에 더 가까이 다가설 수 있도록 한 자 한 자 성심을 다하며 원을 세웠습니다. 이 글은 불교적 지식을 채 갖추지 못했던 필자의 발심 인연과 과정, 그리고 뜻 모를 화두 하나에 의지하여 오롯이 수행하면서 겪은 순수한 경험, 즉 화두 드는 법, 화두의 실체, 수행과정에 나타나는 경계 등의 체험을 담았습니다. 또한 글을 읽어 가는 동안 간접적으로나마 선지식들의 훌륭한 가르침들도 만날 수 있을 것입니다. 문장의 기교가 없어 다소 딱딱하겠지만 문장 너머의 길을 보아주시길 바랍니다.

일생의 전성기라 할 수 있는 30대 초반에 외국 기술을 접목한 벤처기업을 창업하여 10여 년 만에 유망 중소기업으로 성장시켜 성공 기반을 다질 즈음인 40대 초반에 불현듯 찾아온 늦깎이 발심과 출가에의 유혹, 재가 수행 결심, 갈등, 선지식과의 인연, 사찰에 의지한 수행 경험, 독거 수행정진, 실참 실수와 알아차림 등 필자의 재가 수행 경험이, 생활과 수행을 병행해야 하는 재가 참선 수행자들에게 보탬이 될 수 있도록 한 올 한 올 엮어 펴내게 되었습니다.

자신의 수행 여정에 의문이 생길 때 다른 사람의 수행과정과 경험은 자기 자신을 들여다보는 거울이 될 수 있을 것입니다. 이 글을 통한 간접적인 경험이 각자의 수행에 길잡이가 될 수 있기를 염원합니다.

덧붙여, 출가수행과 재가수행의 너무나 다른 실재를 잘 이해해야만 수행 생활에 도움이 될 수 있다는 말씀을 새겨 드리고 싶습니다.

오롯이 수행정진만 지어 갈 수 있는 출가수행은 복 받은 길이기도 합니다만, 자칫 한 발이라도 다른 곳을 향한다면 그야말로 또 다른 업을 만들어 회복하기 힘든 길이 되기도 합니다. 재가수행은 여러 가지 어려운 환경의 삶을 병행하며 지어 가는 공부이기에 때론 생활에 대한 끄달림도, 집중도 만만치 않습니다. 또 많은 유혹과 번뇌로부터의 끄달림을 이겨내야 하는 정진의 힘이 필요합니다.

출가는 비록 수행이 수승하다 할지라도 계율에 어긋남이 있어 거기에 끄달리면 상대적으로 그것을 회복하는 데 어려움이 있습니다. 그래서 결과적으로는 재가수행은 더디지만 차곡차곡 만행 속에서 다져 가는 돈오점수의 길이라 할 수도 있고, 또 그 과정에서 큰 깨달음은 아니라 할지라도 노력한 만큼만이라도 바로바로 생활에 적응시켜 가며 자기를 스스로 점검할 수 있는 기회가 되고, 수행정진의 공덕이 내 삶 속에서 생활의 지혜로 발현되어 복이 될 수도 있습니다.

　아무쪼록 이 글들 한 점 한 점이 재가수행의 지팡이가 되기를 기원하며 시작의 변으로 대신합니다.

글쓴이 법운法雲

1. 불현듯 찾아온 인연

안수정등岸樹井藤

인생은 오고 싶어 온 것도, 누가 오라고 해서 온 것도 아니건만 캄캄한 곳에서 쫓기듯이 밀려나와 자신의 의지와 상관없이 벌판의 홀씨처럼 온실의 씨앗처럼 저마다의 타고난 운명 따라 가는 길도 모르면서 우마에 끌려가듯 모질게 살아갑니다.

코끼리에 쫓기는 몸(無明, 業)
등 넝쿨 부여잡고 우물 안에서 생명 부지(胎)
떨어지는 꿀방울에(生)
등 넝쿨 갉아먹는 생쥐 놈을 몰라보네(老, 病)
우물 바닥 독사뱀은 혓바닥을 날름거리는데(死)
허겁지겁 인생살이 무엇이 부귀영화인고?
인생살이 화려한들 병든 후에 위안 될까?
부귀영화 인생살이 죽음 앞에 위안 될까?

업業과 태胎(인과因果)

시골의 작은 포구 어촌과 농촌이 옹기종기 함께 모여 있는 작은 마을에 5대째 살았던 보잘것없는 촌농의 7남매 가운데 다섯째 장남으로 이 세상에 왔습니다. 그 시절 삶에서 득남은 부모님들의 노후 보험과도 같았습니다. 딸 넷을 두고 득남을 못했던, 무남독녀 딸 하나를 둔 외조모님은 손이야 발이야 칠성전 법당의 문턱이 닳도록 기도하고 촌살림이 바닥이 날 정도로 불사에 시주하고 지극정성을 다하셨는데 그 공덕에 힘을 입어 부처님은 어김없이 지극정성을 들어주셨고, 모친은 소박신세를 면하고 아들을 얻어 소원성취를 이루셨습니다. 이것이 필자의 운명적 잉태였습니다.

수행 이후에야 알아차린 것들이지만, 불전에 지극정성으로 시주하고 봉양하고 기원하면 반드시 부처님의 가피가 있음은 여러 경험들을 보더라도 분명합니다.

그러나 여기에는 반드시 조건부가 성립한다는 이치를 꼭 알아야 합니다. 그래야 그 소원성취가 승화되고 보존되고, 진정한 내 것이 된다는 것도 명심해야 합니다.

즉 인간의 삶 속에 무엇이 꼭 간절히 필요로 할 때나 궁핍하거나 없을 때는, 뭔가 내가 그 복을 지어 놓지 못했거나 인과가 있음을 직감해야 합니다. 그럼에도 간절하고 지극한 염원이라면 반드시 부처님에 의해 가피가 일어납니다. 그러나 그 가피에는 꼭 옵션이 존재한다는 것 또한 분명히 알아야 합니다.

그 뜻은, 삶에 무엇이 궁핍하다는 것은(정신적이든 물질적이든) 인과를 짓지 못했다는 것이며, 그것은 그만한 덕과 복이 부족하다는 의미이기도 합니다. 그러므로 그것을 지어 가는 지극한 삶을 살아야 합니다. 그래야 그 업이 멸할 때쯤에 그 원들을 성취하게 되는 원리로 돌아갑니다.

또 필요한 것을 성취했다 한들 그것들은 시험에 들어 있기에 잠시 머물러 있는 것들이지, 진정한 내 것이 아니란 것도 알아야 합니다. 간절한 성취를 이루었을 때는 반드시 그것을 감사하는 마음으로 되돌리는 삶을 살아야 한다는 것이 옵션입니다. 즉 저축하지 않은 통장에 돈이 없을 때 대출을 받으셨으면 반드시 갚아야 하는데, 대출만 해놓고 갚지(감사한 마음의 덕을 쌓는 행) 않으면 원을 비는 것은 욕심이 되어 버리므로, 어느 날 부도가 나버리고 빚쟁이들이 들이닥칠 때는 그야말로 채웠던 소원성취만 날아가는 것이 아니라 마음의 고통까지 그 배로 동반함을 깊이 새겨야 합니다.

그런데 외조모님과 모친은 그 이치를 몰랐던 것입니다. 자식을 얻을 때까지는 부처님 전에 그렇게 간절하던 치성이 성취한 이후엔 그저 그렇게 사셨고, 업생으로 얻은 자식이 그 모든 업연의 짐을 (닦음) 감내해야 했습니다. 그리하여 저의 청소년기는 곤란이 많았던 것이며, 그러한 성장기를 겪으며 일찍이 객지(서울)에 홀로 나와 자수성가의 길을 걷게 되었습니다.

생生

제겐 생 자체가 고苦가 맞습니다. 태어남 그 자체가 고였다 해도 과언이 아닌 것 같습니다. 인과因果였습니다. 태어날 때부터 갖은 태생적 질병이 나를 괴롭혔고, 초등학교 시절엔 업혀서 학교에 등교를 할 정도로 잦은 질병에 시달렸습니다. 이것이 모두 업業과 무관하지 않았습니다. 그렇습니다. 자격을 갖추지 못한 사람이 분에 넘치는 원을 세우면 욕심이 됩니다. 그 업연의 결과로 부모의 분신으로 온 것입니다. 이것이 옵션이었던 것입니다. 부모와 자식은 같은 업의 고리에 묶여 있습니다. 하여 어느 한쪽이라도 이 업연의 고리를 닦아 멸해야 하며, 그렇지 못하면 그것은 풀리지 않는 매듭과도 같이 재생되는 것입니다.

그러나 그 고리 또한 『천수경』에서 "죄무자성종심기罪無自性從心起 심약멸시죄역망心若滅是罪亦忘 죄망심멸양구공罪忘心滅兩俱空 시즉명위진참회是卽名爲眞懺悔, 즉 죄(업)란 본래 없고 마음 따라 생겨나니 마음이 멸하면 죄(업) 또한 멸하고, 죄(업)가 사라지면 마음 또한 사라져서 죄와 마음이 공하면 이것이 곧 진정한 참회라!"라고 했듯이, 그 고리를 풀 수 있는 능력도 함께 타고난 태생이었던 것입니다. 이런 나는 무엇인가? 이 공부를 지어 가면서 하나하나 알아차려 갈 때 깜짝깜짝 놀라지 않을 수 없었던 것은, 참으로 부처님 법 안에 이 모든 이치가 과학적이면서도 인연법에 철저하다는 것을 발견한 것입니다.

운명적으로 이 참선 수행을 만나 이 이치를 바로 보게 되는 지혜를 얻었습니다. 이 업연을 여기에서 끊지 못하면 또 다음 세대에 연결되어 있음을 알게 되었으며, 따라서 스스로 멍에를 벗겨야 함을, 물러설 수 없음을 알게 되었던 것입니다.

그렇다면 '그런 것들을 알게 됨으로써 삶에 어떤 변화들이 생기는가?'라고 질문하실 분들이 계실 것 같아 말씀드립니다. 물론 이러한 이치에 도달하려면 먼저 업이 소멸되어야만 그만큼만이라도 지혜가 열리게 되고, 우선 사물에 대한 긍정적 사고가 생기고 정견이 바로 서서 마음의 평화를 얻게 되므로 궁극적으로 행복한 삶으로 나아가게 된다고 말씀드릴 수 있습니다.

사물에 대한 긍정적 사고란, 있는 그대로 바라보는 중도 사상입니다. 중도는 편견이 사라지고 분별이 사라진다는 매우 심오한 문자이기도 합니다. 이 하나만 진정으로 깨우친다 해도 대단한 경지에 들게 된다고 생각됩니다.

그렇다면 그 짐을 짊어진 생은 영원한 족쇄의 삶으로 살아야 하는가? 아닙니다. 말씀드린 것처럼 누구나 스스로 자신을 개척하고 그것을 타파할 만한 에너지를 동시에 갖추고 있으나, 그것을 개발하느냐 못하느냐의 차이가 또한 그 인연의 고리인 것입니다.

초반기에 고단했던 생은 자신의 의지와 상관이 없이 마치 온실 속의 모종과 같아, 모종을 내는 주인의 보살핌이 부족하면 모종은 연하고 약할 수밖에 없는 이치와도 같았습니다. 그러나 노지에 이식이 시작되면 스스로 뿌리를 내리고 성장해야 하므로 강인한 뿌리를 내리기 시작합니다.

그때부터는 자신의 내면에 에너지(업식)의 작용으로 연이 일어나게 되지요. 고질적 질병에도 강인한 내면의 에너지가 있었던지, 그것을 거슬러 살아야 하는 도전적 마음가짐으로 변모해 가기 시작합니다. 육체적으로 정신적으로 강인해지고 성공 지향적인 사고로 변모하면서 현실 해결에 대한 높은 도전 의식은 누구보다도 강해져만 갔습니다. 반면에 그런 주어진 환경을 거슬러 살아감에 있어 내면의 스트레스 또한 점차 누적되어 간다는 사실을 모르고 있었던 채……

아마도 억누르는 힘이 크면 반발하는 힘이 더 커지듯이……

현세에 고질적이든, 선천적 질병이든, 후천적 질병이든, 혹은 잠재된 질병이든 이 모든 육신의 병약함은 모두 업과 관련되어 있음을 발견할 수 있었습니다.

더군다나 동해 바다가 삶의 터전이던 어촌의 넉넉지 못한 살림살이에 여름 한철엔 오징어잡이, 겨울은 명태잡이, 낚시 고르기 아르바이트로 학비를 벌어 가며, 철없던 청소년 시기도 녹록치 않았던 시절을 거슬러 도전적 삶의 기질을 배웠고, 학교와 군을 마치고 평범한 전기기술 분야 직장인으로 일찍이 선진기술에 도전하기 위하여 주간엔 직장 근무와 야간엔 제어기술 분야의 자격을 취득하기 위해 학원을 전전하는 삶을 살아가던…… 모든 게 어렵던 시절이었으니, 그냥 열심히 자기 계발을 하며 성실하게 살던 일상의 평범한 청년이었습니다.

계획도 준비도 없이 업생의 굴레 속에서 20대 중후반에 찾아온 청춘의 만남이 풀지 못하는 족쇄처럼 한 인연과 가정을 이루었고 아이도 하나 두었습니다. 그러나 이때까지도 제 마음 중심엔 이것이 내 삶이 아닌 것처럼, 무엇인지는 모르겠지만 다른 그 어떤 것에 빨려 들어갈 듯 이끌렸던 것은 어딘가에서 흘러나오는 목탁 소리였으며, 거기서 가눌 수 없는 흡인력을 느꼈습니다. 결혼 이후에는 그럴수록 더 외면하려고 애를 쓴 적도 있습니다. 이 의무를 다하지 못할 것 같은 그 어떤 예지 때문에…… 그렇다고 특별히 불교 공부를 한 적도, 절에 다닌 적도, 경전 공부를 한 적도 없는, 어쩌면 불교에 관한 한 무식자였는데도 불구하고 말입니다.

그래서 도시에서 잘 접할 수 없는 사찰보다는 오히려 교회에 이끌려 가보고 가톨릭 세례도 받고 흉내를 내어 보았지만, 그것 또한 허전함을 메워주진 못했습니다. 그럴수록 결혼생활은 상대에 대한 사랑과 애정보다는 의무와 책임감이 어쩌면 더 컸을지도 모르겠습니다. 이것 또한 내재된 스트레스가 된 것 같기도 합니다.

항상 가족의 경제적 독립만 해결되면 무엇인가 나의 길을 가야 한다는 막연한 생각에 마음이 더욱 급해졌습니다. 그래서 결혼을 하자마자 목돈 마련도 하고 기술 축적을 위해 3년여 동안 해외 취업을 했으며, 그 축적된 경험을 바탕으로 국내 화력발전소 설비 제어 부분에 선진기술을 접목해 벤처기업을 창업해 일익을 담당했고, 가족의 경제적 자립을 위해 직장에서도 다른 사람이 사는 속도보다는 더 갑절 노력을 해야만 했습니다. 그 결과 30대 초반에는 그동안 직장에서 축적된 기술력을 바탕으로 미국, 영국 등 해외 선진기술과 접목한 기술 벤처 창업에 도전하여 10여 년간 중소기업을 발전시키는 데 성공도 하였습니다. 나름 가정적으로나 경제적으로 자립의 힘이 생겨갈 무렵, 또 다른 문제의 갈등이 일어나기 시작하였습니다. 이때까지만 해도 보통사람들이 가는 그 길에서 보통의 삶을 산다고 생각했고, 사회활동도 그저 보통사람이 사는 모습이었다고 생각됩니다.

보통의 사람들이 누리는 가정의 평범한 사랑, 자식, 경제적 자립 등을 다 누려보았지만, 여전히 마음 한구석엔 채워지지 않는 허전함이었고, 일반적으로 잘 이해가 되지 않는 엉뚱한 질문이 마음 한쪽에 자꾸 일어나면서 '이 삶이 과연 행복인가?'를 되뇌게 되었다. 인생이 아무리 성공을 하고 화려한 삶이 있다고 한들 병이 들어 고통 받을 때 그 화려함이 현재의 고통에 위안이 될까? 자그만 감기 한번에도 모든 행복조차 한순간에 사라지고 오로지 그 아픈 고통에 헤매면서...?

과연 지금 나의 물질적 충족이 죽음 앞에서 위안이 될까? 이런 참으로 엉뚱한 생각에 빠져 있을 때면, 자동차를 운전하거나 길을 걸으면서 육신이 중력을 느끼지 못하고 공중에 뜨는 기분을 느끼는 경우가 자주 일어나기 시작하였습니다. 이때에 이르러 내면으로부터 울려 나오는 메아리는 '도대체 나는 누구인가? 왜 나는 남들이 생각하지 않는 이런 엉뚱한 생각들을 해야만 하는가?'였습니다.

지금까지의 인생에 있어 갈망했던 경제의 자립, 보통사람들이 누리는 의식주의 충족이 결코 모든 행복의 순위가 아니라는 가치관의 혼돈이 시작되었고, '이 이상의 물질적 충족은 사치다!'란 가치에 무게가 생기기 시작했고, 이것이 곧 진정한 행복이 아니라는 생각의 종착역에 도착한 느낌이 들었을 즈음, 업무의 과중으로 건강이 악화되어 며칠 쉬기 위해 강원도 설악산 한적한 오색약수터가 있는 절에서 약 7일의 일정으로 휴양을 하였습니다.

난생 처음으로 사찰에 머물며 염불과 목탁 소리 그리고 예불이란 것에 동참하는 동안 너무나 편안한 안정감을 느끼게 되었으니,

마치 전쟁 통을 빠져나온 전사와 같은 행복감을 처음 맛보게 되었습니다. 이렇게 며칠이 지나며 마음도 편안해지고 몸도 많이 회복될 즈음, 어느 날 법당에서 절을 하는 동안에 갑작스럽게 터져 나오는 통곡 속에 '지금의 삶이 행복이 아닌데 내가 여태 어리석은 삶을 살았구나!'란 탄식이 함께 터져 나오기 시작하였고, 며칠을 두고 가히 가슴이 미어졌다는 표현이 모자랄 만큼 통곡을 쏟아낸 후에야 결심했습니다. 조금은 막연하지만 '모든 것을 접고 내 길을 가야겠다!'라고 말입니다.

발심

이렇게 시작된 어렵고 힘든 길이었지만 제겐 너무나 가벼운 결심이었습니다. 마치 모든 것을 다 벗어버린 홀가분한 느낌 같은 것이었습니다. 그 길로 돌아와 내자와 상의를 하자 내자 또한 가볍게 서서히 회사를 정리하자는 말에 동의를 하였고, 저는 그 말을 듣자마자 일주일 만에 창업한 회사의 경영권을 부사장에게 그대로 넘기고 딸랑 차 하나에 등산장비를 실은 채 방랑의 길을 떠났습니다. 이것이 가출의 시작이었습니다.

불교 수행에 대한 상식이 전혀 없던 제겐 막막한 앞날뿐이었습니다. 그러나 마음의 메아리는 이 나이에 이 공부를 지어 나가려면 스승님을 만나야 한다는 것이 제 마음으로부터 울리는 메아리였습니다. 그래서 그길로 사찰 만卍 자가 보이는 곳은 무조건 들어가 참배를 하기로 결심하고 사찰 순례가 시작되었습니다. 그 뜻은 진실로

이 길이 내가 가야 할 운명적인 길이라면 분명 어디에선가는 스승님이 나타나 제게 어떤 말씀이라도 들려줄 것 같은, 막연하고 엉뚱한 제 자신의 선택된 길이었던 것입니다.

그러나 거주지 부천을 떠나 강원도 방향으로 가는 동안 30여 곳에 달하는 산속 구석구석에 있는 사찰들을 참배하였지만 제게 말한마디 건네주는 스님은 나타나지 않으셨습니다. 어느덧 날은 저물어지니 또 설악산 오색 찬연한 그 사찰에 어둠이 내리고서야 들어서게 되었는데, 마침 비구니 주지스님께서 오늘 저녁에 공부 높으신 어른 스님께서 방문을 하신다며 친견의 기회를 주겠다고 하였습니다.

첫 번째 인연

이 길에서 첫 번째 인연이 된, 지금은 열반하셨지만, 해명 스님이라고 하신 분을 대하니 "모든 결정을 이미 스스로 했구먼!" 하시면서 저의 전생과 인연들을 쭉 설명하면서 인연법을 설하시고 난 뒤, 오래 참았다 하시면서 이제 세속의 인연이 다했으니 바로 지리산 자신의 토굴로 내려가 기도에 들어가라고 조언하시는 말씀에 그 어떤 질문도 없이 그 길로 지리산으로 입산을 한 것이 이 길의 시작이었습니다. 그리하여 들어간 곳이 지리산 청학동 그 옆에 위치한 고은동이란 곳에 스님께서 옛 토담집을 개량한 그야말로 토굴에 들어가게 되었습니다. 그러나 지리산 입산 뒤에도 스님은 그 어떤 공부의 방향도 지침도 제시하지 않으시면서 그저 입산해 있는 것만으로 수행의 시작이니, 모든 잡념을 가라앉히고 편안히 있으면 된다는 지침만 내려주셨습니다.

그러나 나름 공부란 것이 어떤 것인지도 모르는 상태였으므로 매우 답답하였고, 그래서 하동에 내려가 단전이라는 책을 구입해서 보며 스스로 자작 호흡에 대한 수행을 시작하게 되었습니다. 그 지침에 따라 단전호흡을 금방이라도 어떻게 될 것처럼 지식호흡 단계까지를 억지로 하다 보니 상기가 되었는데, 지금 생각하면 매우 위험한 상태까지 갔었던 것 같습니다. 마치 영화관 스크린에 파노라마처럼 마음먹은 대로 가 볼 수 있는 광경도 펼쳐지고, 알 수 없는 것들이 저절로 알아지고 등등. 그러는 동안 이것이 무엇인가? 이 공부가 불교 공부인가? 하는 의심이 시작되었고, 다시 산문 밖을 나서게 되었습니다.

두 번째 인연

설악산 비구니 주지스님 소개로 쌍계사 어느 스님인지 지금은 기억이 가셨지만, 친견을 하고 저의 수행에 대한 답답함을 토로하였는데 보리암에 가서 삼칠일 기도를 해보라며, 그러면 답을 얻을 거라 하셨습니다. 그 길로 보리암에서 삼칠일 기도를 하였는데, 후에 꿈에 가사장삼을 두르신 스님께서 큰스님을 시봉하라는 말씀을 내리셨습니다. 그러나 시봉이란 말씀이 무슨 뜻인지조차 모를 때여서 이 말뜻을 몰라 사람들에게 질문을 하니 곧 스님의 시중을 들라는 내용이란 걸 알고 보리암을 다시 내려와 지리산 토굴에 들어왔고, 오는 길에 하동엘 들러 불교에 관한 서적을 찾았고, 인도의 명상가 라즈니쉬의 『달마의 선어록』을 구입해서 보게 되었습니다. 그때서야 그래, 불교 공부가 바로 참선일진대 지금 나는 무엇을 하고 있는가? 하는 자각이 들었습니다.

세 번째 인연

백여 일 만에 다시 보따리를 챙겨 지리산을 내려와 사찰 순례를 다시 시작하였습니다. 처음과 같은 생각으로……. 그런데 세 번째 참배한 지리산 고은동 바로 너머에 있던 작은 암자에 참배를 마치고 돌아나올 때 주지스님께서 차 한 잔을 권하셨고, 자초지종을 말씀드리자 두 말씀도 하지 않으시고 이 길로 곧장 아무 데도 들르지 말고 안동, 영주를 거쳐 봉화에 있는 축서사 무여 큰스님을 친견하라고 말씀하셨습니다. 그 길로 비가 내리는 10월 말쯤의 추웠던 밤길을 달려 축서사에 당도하였습니다. 이때 만난 암자의 주지스님이 무여 큰스님의 세 번째 상좌 스님이라는 것을 알게 되었을 때 '참으로 기이한, 멀고도 긴 인연의 경로였던 것이구나.'라고 생각하였습니다.

구태여 다시 더듬어 보면, 설악산 비구니 스님은 전생에 어떤 깊은 인연이 있어 법문 한 번 없이도 저를 발심으로 이끄는 자리를 펴 주셨고, 지리산 혜명 스님은 저를 지리산 고은동까지 데려다 놓은 인연이셨고, 그 답답함을 해결해 주신 쌍계사 스님, 바른길로 안내해 주신 무여 큰스님의 상좌 스님 등 모든 스님들의 계주와 같은 인연 줄은 축서사로 저를 인도해 주기 위해 인연을 이어준, 마치 마라톤 바통과도 같은 인연의 경로에 계셨던 분들이었습니다.

2. 기이한 인연의 발현

선지식과의 친견(무여無如 큰스님)

부슬부슬 비 내리는 축서사 고갯길로 접어드니
우마차 한 대가 겨우 지날 수 있는 언덕길을

수많은 선사들이 올랐던 이 옛길 끝에
자그만 오막살이 암자 같은 축서사 !

경내 안거 준비 땔감 하느라 어깨 짐이 분주한 상좌 스님들
십여 리 동구 아래 옹기종기 모인 마을 굴뚝엔
아궁이 짚단 때는 연기 오르고

업의 걸망 잔뜩 메고 이제야 내가 오르고 있네!
어설프고 서글픈 늦깎이 발심
이 길의 끝은 어드메인가?

초행길 축서사 언덕길을 오르며……

비 내리는 늦은 밤길을 따라 지리산에서 한걸음에 달려온 초행
길 축서사 언덕길을 오르며 내가 살았던 화려했던 옛 추억들이
밤길에 밟히며 지나가고, 나도 내가 왜 이러는지? 영문도 모르고
끌려오듯 들어서는 문수산 산문에, 백여 일의 지리산 토굴 생활
이 이젠 제법 익은 듯, 내 집 들어오듯 한다.('길을 들어서며' 글 중
에서)

더듬어 옛일을 되새겨 보면 참으로 기이한 인연인 것 같습니다.
어떻게 서쪽 끝에서 동쪽 끝으로, 또 남쪽 끝을 돌아 이곳에 누가
있어 찾아올 수 있었겠습니까?

지금의 축서사는 대도인을 만나 대도량으로 변모했지만, 97년 당
시에는 주지스님 요사채는 비가 새어 파란 천막을 덮어씌워 놓고
장작불로 난방을 했고, 요사는 지금의 법당 자리에 부엌이 있어 장
작불 가마솥으로 공양을 짓고, 안방에 모두 옹기종기 두레상으로
공양을 했던, 그야말로 시골 대가족이 사는 그런 촌집 오막살이 절
간이었습니다. 공양주 보살, 채공 노 보살님께서 끓여내시는 된장
찌개는 이 세상 어느 품위 있는 요리와도 바꿀 수 없는 최고의 음
식으로 기억됩니다. 이런 곳에 들어오는 그 자체만으로 이 뭣꼬?가
저절로 울려 나오지 않으면 오히려 이상하리만치 그야말로 첩첩산
중 토굴 같은 암자였고, 여기에 큰 대도가 상주하셨으니 그 뉘라서
잘 알아보겠습니까?

전생부터 큰 인연이 아니고서는 이런 곳을 찾아들기란 그리 쉬운

일은 아니었을 거라 짐작합니다. 그런데 무슨 복으로 이런 곳에 제가 들어올 수 있었을까요? 불교에서는 큰 선각자의 수하에 드는 것은 특별한 인연이 아니고서는 참으로 힘든 인연이라고 하는데…?

그러나 당시에는 그러한 이해도 없었습니다. 단지 어딘가, 누군가 밝은 눈이 있으시면 나를 잡아 주시지 않을까? 그냥 막연한 울림이었을 뿐이었습니다. 무여 큰스님이 얼마나 훌륭한 분이신지, 얼마나 덕이 높으신지 알지 못했던 것은 물론입니다.

이튿날 이미 입산하여 큰스님 친견을 기다리던 두 분과 함께 무여 큰스님께서 기거하시는 요사채를 방문하여 삼배를 올리고 앉으니 두 분은 머리를 깎으라 하십니다. 바로 행자 입문을 허락하신 것이죠. 그런데 필자는 출가를 하러 왔노라고 하며 자초지종을 말씀 드렸으나 아무 말씀을 안 하시고 한참을 생각하시더니, 내일 다시 보자 하십니다. 영문도 모른 채 이튿날 다시 올라가서도 또 아무 말씀이 없으시고, 내일 다시 올라오라 하십니다.

4일째 되던 날 드디어 어렵게 하시는 말씀이 "방사가 없어서……?." 또 그리고는 말씀이 없으십니다. "그러면 방사는 제가 마련을 할 터이니 모퉁이에 조그만 터를 하나 내어주십시오."라고 여쭈었더니, 반가운 얼굴로 "그렇게 할 수 있겠는가?"라고 반겨주시고 "그럼 출가는 안 됩니까?"라고 여쭈니 "출가한다, 안 한다 아무 결정도 하지 말고 화두를 열심히 하다 보면 스스로 답을 얻을 터이니 그때 결정하라."는 말씀을 주시고 "이 뭣꼬?" 화두를 내리셨습니다. 그리고 제게 아무 말씀 없으시고 『부설거사』란 책을 한 권 내어주셨습니다. 후일 생각해 보건대 그렇게 살아야 한다는 암시였는지도 모르겠습니다. 그랬습니다. 당시에 축서사는 처사들이 머물 방사도 변변치 않아서 조그만 방에 7명이 칼잠을 자야 할 정도로 조그만 토굴이었습니다. 그러나 지금도 내 기억엔 수행처로서는 더할 나위 없는 곳인 것만큼은 지금도 아련합니다.

그때가 97년 11월 초 동안거를 15여 일 남긴 터이라, 모두들 안거 준비에 바쁜 움직임 속에 축서사 우측 골짜기에 자리를 내어주셔서 포크레인으로 길을 내고, 골짜기에서 내려오는 물을 받아 가두기 위해 물탱크를 묻고, 영주에서 컨테이너 하우스를 주문하여 앉히고, 보일러를 설치하는 등 당시로서는 상상하기 힘든 독특한 아이디어로 급조하여 동안거 준비를 완료하고 첫 안거에 들어갔습니다. 이것이 저의 산사 생활의 시작이었습니다.

97년 첫 동안거

여기서부터 저의 참선 수행정진 생활의 시작이었습니다. 그러나 아무것도 모르고 오로지 뜻 모를 이 뭣꼬?를 하라 하시지만, 처음엔 가부좌 그 자체도 어려우니 어디 이 뭣꼬가 되겠습니까? 우선 허리를 곧추세우고 앉는 자세부터 잡으려 하지만 조금 앉아 있기도 어려운 판인데 화두가 가당키나 하겠습니까? 새벽 3시 예불은 큰스님 이하 사중 일체가 동참하였고, 큰스님께서는 제게 매일 아침 8시에 올라오라 하셨습니다. 매일 아침 삼배 드리고 스님 앞에 앉으면 그냥 눈만 뚫어지게 쳐다보시고 아무 말씀은 없으셔서 그냥 내려오곤 하였지만, 말씀이 없으신 가운데도 일상 점검이 계속

됐습니다. 지나고 나서 알게 되었지만 말씀은 없으신 가운데도 항상 저의 상태를 점검하신 것이었습니다. 상기되었던 기운이 내려가는지, 혹은 삿된 기운으로 재미를 보지나 않는지 등등. 그러나 저는 대단히 어렵고 무서운 나날이었습니다. 그 이유는 얼마나 헤매며 찾았고 갈망하던 공부의 길인가? 제발 내려가란 말씀만 하시지 않기를 바랄 뿐이니, 얼마나 그 자리가 어려웠겠습니까?

몹시 제겐 엄격하셨고 그 위엄이 하늘같았습니다. 후일 제가 스님께 "스님, 그렇게 인자하신 분이 왜 제겐 유독이 엄격하셨고 무섭게 하셨습니까?"라고 질문 드렸더니 웃으시면서 "유치원생과 대학생을 같이 다룰 순 없지 않는가?" 그래서 정진 시간도 스스로 짜오라고 해서 12시간을 짜서 올라갔더니 한 시간을 더 짜라고(13시간) 하십니다.

그러다 보니 토굴에서 스스로 공양 준비하고 초보 수행자가 밥을 세끼 먹고는 졸리기도 하고 시간이 모자라 빨래할 시간도 없으니 끼니를 줄일 수밖에 없었습니다. 그리하여 저의 정진 생활은 처음부터 일종식으로 시작되었고, 스스로 시간 관리를 해야 하니 누구한테도 의지할 수가 없었습니다. 남들이 생각하기엔 거짓말같이, 초심자가 독거 토굴에 첫 안거에 일일 13시간에 일종식이라? 어찌 보면 초인적인 정진이라고 보이지만 당시 저로서는 가장 시급하고 간절한 일이었기도 했으며, 무엇보다 끓어올라 뒤집어질 지경에 이른 상기된 이 마음과 이 수행을 잘 이행하지 못하면 내려가라고 할 것 같은 큰스님의 호통이 제가 공부에 간절한 만큼 두려움도 함께 있었기에 이 수행정진을 게을리 할 수 없었던 것이었습니다.

또 하나는, 다른 경험이 없으니 관념적이지 않아 순수하고 다들 이렇게 하는 것으로 알고 있으니 더욱 매진할 수밖에 없었던 것이라 여겨집니다. 그렇다 하더라도 내면의 끓어오르는 에너지와 간절함이 아니었더라면 도저히 감당할 수 없는 수행이라는 것도 차차 알게 되었습니다.

용맹정진과 요동치는 경계

사중 생활을 하는 동안 사중 상좌 스님들께 앉는 자세를 질문 드리니, 처음엔 너무 가부좌에 구속을 말라 하십니다. 즉 허리가 곧추서지 않으면 뒷벽에 기댄 채로 조그만 핸드볼을 하나 3~4번 척추 사이에 끼워놓고 앉으면 자세 교정에 도움이 된다는 조언도 해주시고, 반가부좌를 하는데 허리가 불편하면 반 결가부좌(두 발가락 끝을 오금 안 양쪽에 끼우고 반 결가부좌를 하면 허리가 곧추서므로 습관이 되면 도움이 됨)를 하면 도움이 된다는 조언도 해주시고……

어찌하였던 화두의 의미는 모르지만 외우다시피 그냥 호흡을 놓치지 않고 될 수 있는 대로 양 눈은 콧잔등 응시를 놓치지 않으면서 졸지 않으려고 애를 썼습니다. 몹시 졸릴 때면 토굴문 밖에 쌓인 골짜기 눈으로 냉수마찰을 하고 졸음도 깨워 가며 모진 애를 써야만 했습니다. 문제는 눈을 감거나 화두 집중이 흐려지면 이상한 영상들이 스치고, 졸려도 그런 현상들이 지나가므로 더욱 화두에 집중할 수밖에 없었습니다. 심지어 눈을 뜨고 있다 하더라도 갑자기 눈앞이 밝아졌다가 캄캄해지기를 반복하며, 온몸 전체에 벌레가 기어가는 것처럼 스멀스멀하는 느낌도 반복되며 그 범위가 점점 커져갔습니다. 그런 현상을 느끼기 시작하자 점점 가부좌의 자세가 조금씩 부드러워지기 시작하며 자세가 유연해지니 화두를 집중하기가 조금씩 쉬워졌습니다. 뿐만 아니라 어느 순간은 온통 밝은 빛으로 둘러싸이면서 온몸의 감각이 갑자기 사라져버리고 무중력 상태가 되어버려, 너무 놀라서 갑자기 털어버리고 자리에서 일어나고 한 일도 여러 번 반복되었습니다.

그러던 어느 날엔가는 갑자기 북받쳐 오르는 회한의 통곡이 숨도 쉬지 못할 지경으로 터져 나와 방바닥을 짚고 엉금엉금 기어가며 통한의 눈물을 쏟기도 하는 일을 여러 차례 지나면서, 매일 아침 점검 시간에 이러한 현상들을 스님께 말씀드리면 "마음은 태양과 같아서 온통 업식이라는 먹구름으로 마음의 태양을 가렸던 것들이 화두, 즉 마음이 집중될 때 강한 빛이 먹구름 사이를 비출 때처럼 마음작용이 일어나는 것이니, 그럴수록 털고 일어나거나 놀라지 말고 더욱 화두를 놓치지 말라." 하고 당부하십니다.

그러나 실은 화두가 뭔지도 아직 확실히 모르고 그저 호흡을 따라 화두를 읽다시피 하는데도 많은 경계가 일어나고 있었고 가파른 신체적 변화가 일어났던 것입니다. 이런 시간이 지나는 동안 얼굴의 혈색은 참으로 동안이 되어가고 몸은 점점 좋아졌습니다. 그러나 체력이 고갈되어 갈쯤 스님께서 "전지분유를 사다 놓고 분유를 꼭꼭 씹어서 드시라!"고 하셨고, 포행 시간엔 뒷산에 재어 놓은 화목나무도 한 짐씩 나르면서 하체에 힘도 올리라고 하시면서 과거에 큰스님 정진하실 때의 경험을 말씀해 주시면서 체력보강을 하라고 조언해 주셨습니다. 그 말씀이 얼마나 많은 도움이 되었던지 지금도 정진에 들어가면 꼭 일종식에 분유를 보충함으로써 체력을 보강하고 변비를 예방하고 있습니다. 또 많은 시간을 앉을수록 소화 기능이 떨어지므로 일종식은 소화에 부담을 덜 주고 졸음도 방지하는 데 여러 가지 장점이 되었습니다. 그래서 지금도 좌복에서 절대 졸지 않는 정진력이 그때의 지혜로 여겨집니다.

업 장

세세생생 쌓인 업장 화두에 녹아나고
쏟아내는 회한 통곡 골짜기가 녹아나네!
골짜기 머슴바위 겨우내 두꺼운 솜이불 덮어쓰고
춥다고 웅얼거림이 봄이 오는 소린가 보다

먼 산에 남은 눈은
개구쟁이 까까머리
쇠똥 앉은 듯하고
소대燒臺에 걸터앉은
까마귀 까악거림이
오늘도 도량에 천도재 있는가 보다……
(축서사 토굴 동안거 수행 중에)

동안거 해제와 산철 정진

안거를 끝내고 나서 어금니가 흔들리기 시작하여 스님께 말씀드렸더니 "어금니를 지그시 다물고 혀를 윗잇몸 천장에 감아 대라는 것을 일러주지 않았다."라고 말씀하셨고, 치과에서 막니 네 대를 뽑고 치료를 받은 적도 있습니다. 이와 같이 화두 정진을 지어 감에는 선지식의 경험이나 가르침을 어느 것 하나 놓쳐서는 안 된다는 것을 꼭 말씀드리고 싶습니다.

축서사는 신라 말기(673년) 의상대사께서 창건한 절로서 당시에는 300대중이 기거하며 사찰에서 공양을 지을 때 쌀 씻는 하얀 물이 동구 아래 결단교까지 내려왔다는 대도량이었으며, 그 크기가 지금 개단리 결단교 이후부터는 절 땅이었다고 합니다. 결단교란 절 땅에서 유래되어 오면서 변한 이름이기도 하다고 구전으로 전해집니다. 그럴 정도로 규모가 컸던 사찰이기도 하고, 이후 부석사를 창건할 당시(676년) 축서사에서 우마로 공양을 해다 날랐다고 전해지고 있습니다. 이러한 천년의 고찰이 고려시대, 조선시대, 일제 강점기 등 여러 변란을 거치며 거의 소실되었고, 당시의 모습이 조금만 남았다고 합니다. 이제 제2의 의상대사가 환생이라도 하신 듯 큰 도인의 원력을 만나 불사를 시작했고, 오랜 세월 비바람은 산을 더욱 가파르게 깎아 내렸고, 골짜기는 패여 구릉이 된 앙상하고 초췌한 도량에, 언챙이처럼 갈라진 도량 중앙에 흐르던 구릉 물줄기는 돌려세우고, 구릉은 아래 산을 사서 흙을 퍼 올려 메우고, 큰 돌 바위는 다시 천년을 지탱할 듯 축대를 세우고 성토를 하고, 역사의 한 장을 쌓기 시작했을 때 제가 축서사의 역사의 현장에 기거하며 수행하였습니다. 별로 한 것은 없지만 틈틈이 대관 인허가를 득하기 위해 자그만 힘이라도 보태며 정진을 이어가고 있었습니다.

이것이 어쩌면 산사와 재가 수행을 동시에 이어갈 수 있는 새로운 발견이었다고 생각이 됩니다. 축서사는 해발 700~750고지 사이에 위치하였으며, 당시에 이유는 잘 몰랐지만, 산문을 내려와 읍내에 내려오려면 내려오는 순간부터 힘이 들고 머리가 무겁기 시작하는 감각을 느끼게 되었는데, 다시 입산을 하여 정진하는 그 상태의 컨디션으로 돌아가려면 내려가 있었던 시간만큼 회복되는 데 시간이 걸리게 되는 현상을 발견하게 되었습니다. 이것은 나중에 나름 얻은 결론이지만, 예로부터 산에 들어오는 그 순간부터 도에 든다고 하는 이유가 여기에 있었다고 여겨집니다. 즉 수행의 3대 조건은 도량과 스승과 도반이라고 한 것처럼, 도량은 자연의 기운 조건이 인체의 순환기 계통에 영향을 끼친다는 과학적 근거입니다. 우선 도의 발견, 즉 깨달음이란 육체를 떠나서 성립될 수는 없습니다. 곧 마음이란 육신과 정신을 담고 있습니다. 따라서 육신의 유연함은 정신을 유연하게 하고, 정신의 유연함은 마음의 유연함으로 나아가는 원천이므로 그러합니다.

다시 말하면 우리가 살아가는 대기권이란 불교적으로는 색色이기도 하고, 『원각경』에서는 환幻이라고도 합니다. 그래서 과학적 이론은 일단 대기권의 중력을 1기압, 즉 750미리 수두압(H_2O)이라고 표준을 만들어 놓았습니다. 그렇다면 이 압력이 어느 정도인가? 1미터당 1미리 H_2O인데, 750미터 높이에서는 중력이 0미리라고 합니다. 이론적 수치이긴 하지만 기후와 여건에 따라 그 수치의 차이는 날 수 있습니다. 어쨌든 인체는 평균 1기압의 압력을 받으며 살아가고 있다고 생각하면 이해가 쉬울 것 같습니다. 다른 말로는 0.75미터 깊이의 물속에서 살아가는 것과 같다고 생각하면 됩니다. 그런데 그 압력이 지속적으로 인체를 속박하다 보면 심장은 인체의 순환을 원활히 하기 위해 거기에 맞추어 박동을 하게 되므로 많은 에너지가 소모도 되고 동반하여 심화(열)도 함께 발생합니다. 따라서 750고지에 머무른다는 것은 인체의 중력을 덜게 되고 인체의 자연 순환 능력을 높이므로 심화도 줄어들고 에너지 소모도 줄어들며, 따라서 마음이 편안해져서 집중도가 올라갈 수 있다는 과학적 근거가 있습니다.

그리하여 예로부터 750고지에서 도인이 많이 나왔다는 설이 근거 없는 주장이 아닌, 과학적 근거가 있는 것입니다. 그와 같이 높은 산에 등산을 하고 나면 피곤하지만 회복이 빠른 것도 이와 무관하지 않습니다.

그렇다면 '산이 더 높을수록 인체에 유리하지 않느냐?'라고 반문할 수 있겠지만, 우리나라의 조건은 산이 많고 습한 기운이 정체되는 높이가 또 1,000고지 내외여서 폐장에 장애가 많이 일어날 수 있어 오히려 장애가 되기도 합니다. 건조한 기후인 히말라야나 티벳 고원과 같은 곳에서 고산 수행자가 많이 나오는 것도 이와 무관하지 않다고 봅니다. 위와 같이 참선 수행이 인체와 관련 있음을 이해를 돕기 위하여 설명드렸습니다. 또한 옛날에는 출가 수행자들이 산에 입문하여 몇 년씩 산문 밖을 나가지 않으면서 눈과 귀를 닫고 용맹정진을 하던 이유도 이때 알게 되었습니다. 즉 한번 마을을 다녀와 눈과 귀를 흔들어 놓으면 그것을 그전 정진 상태로 되돌리는데 적어도 일주일이 걸려야 된다는 것도 알게 되면서 산문 밖 출입을 절제하게 되었고, 또 이러한 상태를 어르신께 질문 드리면 '지금은 그러하지만 프로가 되면 안팎이 똑같아질 것'이란 말씀도 듣게 되었습니다. 그 후 화두에 힘을 얻고서야 그 말씀을 알아듣게 되었습니다. 또 참선 정진을 하시는 분들은 모두 조금씩은 감을 가지고 있으시겠지만, 장소에 따라 정진이 잘되고 못 되는 차이를 가끔 느끼실 것입니다. 하지만 이 또한 초심자일 땐 느끼지만 완숙 단계에 들면 안과 밖, 장소 여부에 영향이 없어져야 화두가 완숙 단계에 들어갔다고 가늠할 수 있게 됩니다.

화두의 의정을 잡다

불사에 업무를 틈틈이 도우며 상기와 같은 현상을 극복하기 위하여 더욱 애를 쓰는 동안에 이번엔 이상한 현상이 몸에서 일어나기 시작하였습니다. 그전까지는 어쩌면 화두를 들었다기보다는 바닥 어느 한 점에 시선을 고정하고 그 점을 유심히 응시하는 동안 집중이 일어났던 현상이라고 한다면, 지금은 그야말로 지극히 이 뭣꼬를 호흡에 실어 깊이 들이쉬고 내쉬는 동안 몸에서 어디서 시작이라 할 것도 없이 짜릿짜릿한 전율이 정전기가 일어나듯 발생하기 시작하였습니다. 이 전율이 발끝에서든 머리 부분에서든 팔다리어디라 할 것 없이 온몸 전체에서 동시다발적으로 퍼져 나가기 시작하며, 마치 조용한 호수에 빗방울이 떨어져 여울지는 것 같은 그런 현상이 생기기 시작했습니다. 그래서 큰스님께 다시 말씀드리니 "이제 화두가 들리기 시작한 것이니, 그 고리를 놓치지 말고 계속적으로 끊이지 않게 화두를 들라."고 하시면서 "아주 빠른 건 아니지만 빠른 편이네!" "열심히 하면 좋은 결과가 있을 것이니 애를 쓰시게!" 하셨습니다.

그렇습니다. 화두의 의정이란 의심이 깊어지고 간절함이 지극해지면 그 간절함이 바로 온몸에 짜릿짜릿한 전율을 발생시키게 되는데 이것이 바로 화두 의정의 시작이고, 이때가 화두를 들었다고 말할 수 있습니다. 바로 이 의정을 들었을 때 비로소 모든 마음의 업식을 녹이기 시작하는 때라 할 수 있습니다. 이것이 하루 이틀에 되는 것도 아니고, 이것이 며칠 잘된다고 어찌 되는 것도 아닙니다.

이 업식이 녹아 나갈 때는 또 별의별 경계들을 동반합니다. 이것을 헤쳐 나가기 위해 선지식의 도움이 절대적으로 필요하고, 그래야 더 깊은 공부를 지어 갈 수 있습니다.

의정의 발전과 경계

이제부터 화두로써 이 의정을 잘 관리하는 것이 참선의 핵심이라고 생각합니다. 화두를 들었다 함은 바로 의정이 일어나느냐 아니냐 하는 뜻입니다. 이 뭣꼬만 있고 의정이 실리지 않았다면(사구 참선) 집중은 있을지언정 진정한 정진精進이 되고 있음이 아니므로, 조금만 조용해지면 졸리게 되고 혼침에 들고 가부좌에 저림이 오기 시작하고, 이러한 현상이 지속되면 피로와 체력이 저하되고 등등의 부작용이 발생하게 됩니다. 진정한 수행정진이란 육신과 정신, 즉 마음의 진화입니다. 이것이 바른, 제대로 된 화두 정진이고 (활구 참선) 옳은 참선 방법입니다. 그렇다면 이 의정은 어떻게 해야 잘 일으킬 수 있느냐 하는 것에 대한 것은 뒤편의 '참선실수參禪實修'에서 이야기하도록 하겠습니다.

그리고 화두의 의정이 잘 들리다가도 갑자기 사라져 올라오지 않을 경우도 빈번히 생기고, 또는 영영 다시 살아나지 않을 수도 있다는 것도 알아두어야 할 것입니다. 화두는 의식입니다. 이 의식으로 망식(업식)을 지워가는 과정인데, 마치 비행기가 구름 속을 뚫고 나가듯이 비행기 행로에 옅은 흰 구름도 있고 먹구름도 지나가는데, 흰 구름이 지나갈 때면 혼침도 오고 갑자기 눈앞이 환해졌다 어두워졌다 하기도 하고 며칠씩 의정이 사라지기도 하다가 다시 살아나기도 합니다. 하지만 큰 먹구름과 같이 과거 업생에 지어 놓은 각인된 망식, 즉 원한 등과 같은 강하게 각인된 업식은 어쩌면 자신의 힘으로는 그 산에 막혀 넘지 못하는 경우도 발생할 수 있습니다. 이럴 경우 경우에 따라서는 그 먹구름을 헤쳐 나오지 못해 이 공부에서 영영 도태되기도 합니다. 바로 이런 경우를 극복해야 하는 것이 매우 중요하고, 누구나 한 번쯤은 이 상황을 극복해야 하는 관문에 부딪히기도 하기 때문에 혜안이 있으신 선지식을 모시고 공부를 지어 가야만 한다는 것입니다.

가령 옛 출가자들은 출가를 하면 큰 스승님을 모시고 살아가는 동안에 스승님께서 알게 모르게 업의 소멸을 살펴가며 쳐 주시므로 산문에 스님 시봉을 드는 것이 곧 최상의 수행이고 정진이었습니다. 그렇게 해서 기본적인 정진력의 바탕이 되어야 홀로서기가 탄탄해서 스스로의 힘으로 나아가게 되는 정진력을 갖추게 되는데 그러한 이치를 알지 못하면, 즉 지혜롭지 못하면 먼 길을 돌아야 하고, 또는 혼자의 정진력으로 밀어붙인다 한들 대단한 상근기가 아니고서는 그만큼밖에는 나아갈 수 없음을 알아야 합니다. 그런데 요즈음 출가 수행자들은 출가만 하면 6개월여 행자 생활을 익히고 바로 계를 받고 선원으로 나가게 되는데, 그렇게 해서는 웬만한 상근기가 아니고서는 제대로 깊은 공부에 나아가기란 요원하리란 생각까지 듭니다. 다시 말씀드리면 대도인의 옆에서 시봉을 든다는 것은, 큰 자석에 철심을 오래 붙여 두면 그 철심이 자화됨을 알 수 있듯이, 큰 도인을 모시는 것만으로도 공부는 진전된다는 뜻도 됩니다.

이렇게 화두가 잘 들리게 되고 의정이 활발하면 이때부터는 화두와 호흡과 의정의 삼합이 일어나 어느 것이 먼저라 할 것 없이 호흡을 하면 의정이 따라오고, 의정이 일어나면 호흡이 따라오고 화두가 일어나고, 화두를 생각하면 의정이 저절로 따라오고, 그래서 다른 생각 없이 호흡만 하고 있으면 모든 게 저절로 돌아가게 되는데, 이때가 바로 어묵동정 행주좌와가 되는 상태라 할 수 있습니다.

또 수면 중에도 꿈을 꾸듯 자기가 화두를 하고 있는 것을 바라보고 있기도 하고(몽중일여), 이런 과정이 동시다발적으로 오는 것이 아니라 상당한 기간을 두고 일어나긴 하지만, 저의 경우는 짧은 기간을 두고 너무 가파르게 경계가 일어났으므로 강하게 인식할 수 있었던 것으로 생각됩니다. 그러한 경계가 있은 뒤 어느 날 갑자기, 끝내는 영화 속의 한 장면처럼 큰 블랙홀과 같은 긴 레드홀에 붉은 빛기둥 같은 곳으로 훅! 하고 한참을 빨려 들어가 전생을 체험하고, 화두 속에서 그때 당시의 나의 마음 상태, 즉 슬프고 즐겁고 하는 상태를 바라보게 됩니다. 그러는 중에도 화두는 계속 들고 상황들을 주시하면 이것이 당시의 나라는 메시지가 올라와 눈물도 흘리고 기쁨도 환희도 느끼게 됩니다. 그렇다 하더라도 화두를 계속 지속하노라면 그 시대가 지나 다시 다른 시대로 다시 자동으로 빨려 들어가 또 그 시대, 즉 2생 전, 3생 전, 4생 전으로 펼쳐지는 파노라마는 자신의 의지와 관계없이 업식이라는 영상을 화두로써 반조하게 됩니다. 마지막에는 그야말로 빛이 너무 밝아 눈이 잘못될 것만 같은 환한 빛 속에 나를 비추게 되는 현상을 체험하게 되면 이제 자신의 업식의 소멸이 많이 진행되었다고 생각해도 좋을 듯합니다. 이런 경계들은 모두 마음의 업식에서 비롯되는 현상이니 개의치 말고 화두만 열심히 하다 보면 저절로 지나가는 현상들입니다.(뒤에 자세하게 설명됨)

이러한 상황들이 지나가면서 많은 진전들이, 혹은 마음의 상태에 변화가 생김을 들여다보게 됩니다. 즉 지금까지 내가 공부를 얼마 했느니, 어느 상태가 되었느니 하는 상을 내기도 하지만 이런 체험 뒤부터는 모든 것이 놓아지기 시작합니다.

가령 지금까지 내가 뭘 했지? 아무것도 한 것이 없었다는, 휑하니 공허한 마음이 들기 시작하며 처음 발심했을 때 그때로 되돌아간 느낌이 들기 시작하면서 시간 개념도 없어지고 어디를 가고 오고 등의 공간의 개념도 없어져서 그야말로 마음의 무중력 상태를 경험하기 시작합니다.

이 의미는, 업식이란 본래 없던 것인데 마음이 있는 것으로 여기고 살다가 업식의 그림자가 없어져 본래의 상태가 되었으니 한 일이 없고, 그동안 그 망식들이 잡고 늘어져 있던 시간과 공간의 개념이, 업식이 사라지므로 함께 없어지는 마음의 현상이었던 것입니다. 그리고 이제 거기에 매이지 않으니 마음의 평화가 있고, 자유가 있으니 진정한 행복이 무엇인지 알게 되는 것입니다.

이러한 현상 뒤에 찾아온 새로운 현상들은 호수 위 바람에 일던 물결들이(번뇌망상) 이 화두의 의정이란 여울에 밀려 조용하게 될 즈음, 큰 돌 하나를(화두) 호수에 풍덩 던지면 호수 전체에 여울이 번져나가 온통 여울의 덩어리가 만들어지고, 의정이 뭉쳐 의단이라는 덩어리를 이루게 됩니다. 마치 내가 큰 달걀 속에 들어가 있는 것처럼…… 온통 몸 전체를 감싸는 기 덩어리를 이루게 되고, 몸 전체는 무중력을 체험하게 될 것입니다.

그렇더라도 화두는 계속해서 끊임이 없이 유지되어야 합니다. 그러나 이러한 현상이 처음 일어날 때는 잠시 머물다 또다시 감각이 있는 상태로 되돌아가게 됩니다. 그러나 최초에 이 경험은 매우 중요하고, 한 번 이러한 체험을 하게 되면 영원히 이 행복감은 잊지 못할 것입니다. 하지만 이 체험이 한 번 일어났다고 계속해서 일어나기는 매우 어렵고, 또 많은 시간을 꾸준히 애를 쓰다 보면 정진 여하에 따라 그러한 현상에 들어가는 시간이 잦아지고 머무는 시간도 점점 길어질 수 있습니다. 그러나 최초의 경험이 시작되면 그 다음에는 그러한 현상이 생겼다 하더라도 처음처럼 강하게 느끼지 못하기 때문에 그냥 별다른 감각 없이 그 상태에 머물게 되고, 또 항상 그 경계에 가 있게도 됩니다.

3. 재가로의 귀환

재가 수행과 만행

위와 같이 산사에 의지하여 98년 두 안거 두 산철을 보내면서 많은
변화와 정진력을 끌어 올릴 즈음, 98년 동안거에 들어간 지 한 달
쯤인가 참으로 깊은 경계에 들어가고 금방이라도 어떻게 될 것 같
은 경계에 들었는데, 마침 IMF 환란으로 운영권을 넘겨준 회사에
문제가 생겨 그것을 정리하기 위해 잠시 재가에 복귀하여 타 회사
에 기술을 이전하고 회사를 정리하게 되었습니다. 그동안 틈틈이
정진의 끈을 놓지 않으려 인천의 용화선원(시민선원)에서 정진을
꾸준히 이어가며 현상유지는 되었지만 큰 진전은 없었습니다. 그
러나 그 시간이 제겐 또 재가 수행을 위해 거쳐야 할 과정이란 것을
알 수 있는 계기가 되었습니다.

　쉽게 비유를 하자면, 산사에서는 방치해 두었던 가파른 고갯길을
가시덤불을 치우고 없던 돌산 길을 새롭게 뚫고 만들고 하느라 아
직 그 새 길들이 튼튼하게 정비가 안 된 도로와도 같아서 안전하게

차량들이 다닐 수 있는 도로가 아니듯, 이런 길들은 방치하면 다시 못 쓰게 되는 가시덤불 길이 되고 맙니다. 그래서 이런 시간들이 결코 헛된 시간은 아니며 이미 만들어진 길을 차들이 잘 다닐 수 있게 안전한 도로가 되도록 포장도 하고 정비도 하여 다지는 시간이 된다는 것을 이해하게 되었습니다.

산사 안거 동안 용맹정진을 통하여 체험한 것들에 대한 자기 점검, 즉 번뇌가 사라지고 고요해진 마음의 작용이 그렇지 못했던 수행 이전의 상태와 어떤 변화가 있는지? 등을 바라볼 수 있는 시간이 되었습니다.

그렇습니다. 이때 저의 마음 상태는 마치 어린아이의 마음과 같았습니다. TV 연속극의 슬픈 장면을 보면 동화되어 눈물을 펑펑 쏟고, 뿐만 아니라 어떤 사물에 대한 판단을 제대로 할 수가 없을 정도로 여려져 있었습니다. 간단히 말하면 마치 마음이 살갗 벗겨진 피부와 같아서 살랑이는 바람만 스친다 해도 아리고 아파 도저히 그런 마음으로는 정상적인 생활을 하기가 힘들 정도라 해도 과언이 아니었습니다.

여기에서 또 새로운 경험은 가정입니다. 재가 생활은 어쩌면 출가자의 입장에서 보면 파계이며, 그중에서도 가장 엄격한 간음의 계율을 파계하는 것입니다. 간음은 오계 중 살생 다음으로 엄중한 계율로서 수행자에게 미치는 영향은 절대적입니다. 어쩌면 하근기 수행자가 한 번 끄달리면 회복하기 힘든 상태로 갈 수도 있는 것이 이 계율입니다. 물론 가정이란 테두리 안에서 만들어지는 파계이니 재가자에겐 파계라고 할 수는 없지만, 어떻든 그와 비교될 만한 영향을 주게 되는 것이라는 것을 알게 되었습니다.

이것이 부부 일심동체라는 법 안에서 일어나는 자연법이니, 이 또한 업연으로써 감당해야 하는 일입니다. 그래서 재가 수행은 두 몫의 수행을 해야 한다고도 할 수 있습니다. 간접적인 예를 들어, 부설거사의 수행기를 보면 부설거사의 성불로 부인과 자식들이 함께 성불하게 됩니다. 이는 간접적인 설명이 될 수 있다고 말씀드릴 수 있습니다. 물론 꼭 성불이 아니라 하더라도 업연의 공동체 고리에 엮이어 있으므로 이는 곧 수행 결과를 공유하게 된다는 원리입니다. 그래서 부부가 함께 수행정진을 해 가면 더 말할 나위 없이 좋겠지만, 그렇지 못하다 하더라도 부부가 함께 계율에 엄격해야만 한다는 것에는 꼭 명심해야 한다고 봅니다. 어쩌면 지금과 같은 시대 환경에서 재가자들에게 있어서는 이 부분이 출가자가 지켜야 할 계율보다 더 어려울 수 있다고 할 것입니다. 아무튼 일 년여 시간 동안 회사를 정리하고 아이와 내자를 캐나다에 정착시키고 다시 입산을 하였습니다.

여기에서 한 가지 덧붙이고 싶은 말씀은, 나중에 알게 된 것이지만, 재가에서 생활과 병행한 수행정진의 가장 효과적인 수행 방법은 짧은 시간 용맹정진을 통하여 근기를 끌어올리고, 그 다음 생활 속에 꾸준히 놓지 말고 다져가고 다시 시간을 만들어 용맹정진을 하고를 반복하여 정진하는 것이, 없는 시간을 쪼개가며 가장 효율적으로 수행정진을 하는 방법이라고 생각합니다. 근래 들어 몇몇 사찰에서 운영하는 용맹정진 프로그램이 재가자들에게 더 많이 필요하다고 여겨집니다. 다시 말하면 생활을 병행해야 하는 재가자

에겐 이것이 정진과 만행 과정의 복합 프로그램이라고도 할 수 있
겠지요.

4. 재발심과 산사 정진

졸지절猝地絶(병아리가 알에서 깨어 나오듯)

한 점 일어 해가 뜨고
천둥 울고 달이 밝아
졸지절 부리 짓이
허공에 흩어지네!
- 法雲

　그동안 재가에서 우여곡절을 거치는 동안 제법 단단해진 듯 또 새로운 다짐으로 산문을 들어섰습니다. 재가 수행 동안은 큰 진전은 없었지만 끄달려 보기도, 다시 어두워지기도 하고, 또 그것을 다시 맑히는 등 여러 과정을 체험하면서 그것들을 알아차림도 갖추게 되므로 단단해지는 마음 상태를 알게 되었습니다. 그렇습니다. 마음이란 너무 맑기만 해서 되는 것이 아니라 그 맑은 상태에서 끄달림이 없이 여여하게 살아가는 것이 중요합니다. 마음은 바깥세상(대상)이 어떻게 다가오더라도 평상심을 유지하는 것이 곧 중도이고 진정한 행복입니다.

다시 재발심의 각오로 축서사에 입산했고, 용맹정진의 틀을 짜고 수행에 들어갔습니다. 얼마 되지 않아 화두 중에 선정에 드니 갑자기 흩어져 있던 염주 알이 한 올 한 올 꿰워지듯, 언제 별도로 공부해 보지도 않았던 우주의 탄생 원리와 빅뱅의 이치가 한 줄에 꿰어지면서 『반야심경』이 빅뱅 이론과 결합되어 과학적인 논리로 열리고 해석되는 것이었습니다.

그전까지도 큰스님께서 책을 가까이하지 않는 것이 공부에 도움이 될 것이라 하셔서 경전을 전혀 보지 않았고, 다만 예불 시간에 하는 『반야심경』과 『천수경』만 건성으로 읽은 것 이외에 경전에 그리 밝지 못했습니다. 그런데 더 이상한 것은, 한문을 공부한 적도 없는데 갑자기 한문의 문리가 열리는 것이었습니다. 경전의 한문들이 모르는 한문이라 할지라도 한참을 들여다보노라면 저절로 문맥의 뜻을 이해하게 되는 문리가 열리면서 경전의 뜻이 쉽게 이해되기 시작했습니다. 이런 상태에 들어서는 우주 탄생과 물질과 비물질 관계, 진공과 공, 색, 무에서 유가 나오고 유에서 무로 돌아가고, 그 사이에 불가사의한 진공묘유가 발생하는 등 전혀 공부하지도 알지도 못했던 『반야심경』, 『금강경』, 『원각경』, 『법화경』, 『묘법연화경』, 『화엄경』 등의 경전 체계가 과학적·수학적 연계로 다 열려 알아져버리는 것이었습니다.

너무 많은 것들이 달라지니 누구에게도 발설을 하지 못하고 환희심을 억누르고, 스스로 다시 '이것이 무엇인가?'에 화두를 두고 다시 되묻기 시작했습니다. 그러니 범위가 자꾸 늘어갔습니다. 스스로에게 질문했습니다. 이것이 진정한 깨달음이라면 마음 상태는 어떤 것인가? 즉 깨달음이란 마음이 여여如如하지 않으면 그것은 깨달음이라 할 수 없는 일이 아닌가?

그리하여 하던 공부를 놓고 사람들과 부딪혀 보면서 마음이 일어나는 상태를 점검하기 시작했습니다. 그러나 마음 상태는 아니었다는 결론에 도달을 하고, 큰스님에게도 누구에게도 발설하지 않고 입을 닫아버렸습니다. 제 스스로의 결론은, 지혜이긴 하지만 정각이 아니며, 정각이 아니라면 스승님께 내놓아 봐야 인정도 못 받을 것이고, 이제 시작이라 하실 게 뻔한 이치 아니겠는가, 였습니다. 왜냐? 이 공부의 끝은 없기 때문입니다.

누구든, 어떤 공부의 어떤 경계든 결과이든 인정을 하는 순간 그 사람의 공부를 망치는 일이 될 것입니다. 또한 아무리 이치가 열렸다 하더라도 이것은 해오解悟에 불과한 것이지 육신에 머물러 있는 마음 상태란 지혜일지라도 무상정등각無上正等覺은 아닌 것이라는 것은 참선 수행자라면 당연히 알아지는 이치가 아닐까요? 이런 모든 공부는 이미 큰 스승님에게 의지하며 공부를 지어오면서 스스로 체득된 지혜이기도 합니다.

이후 정진은 그야말로 마음 상태를 살피는 것이었습니다. 그러나 여기서부터 또 다른 새로운 난관에 부딪히게 됨을 발견하게 됩니다. 그것은 분명 화두 중 의단에 들어서 그 의단에 계속해서 머물러 있는 시간이 지속되면 시간이 가는 줄도 모르고 끝내는 이 의단마저도 터져버려야 함에도 불구하고, 그 의단 속에서 한 점의 응집된

점 하나라도 생기면 다시 육신의 감각으로 되돌아오는 상태가 반복되는 것입니다. 여기서 자신의 육신에 넘지 못하는 결함을 발견하게 되었습니다.

그렇습니다. 제가 시작에서 말씀드렸던 태생적 기형을 가지고 태어나 불편했던 곳이 현대 의학적 외과수술에 의해 외형적 건강은 유지하고 살고 있었지만, 이 결함이 도의 길에서는 결정적 장애가 됨을 이때 발견하게 되었습니다. 의단이란 공 속에 독립된 개체의 공의 한 덩어리를 의미하기도 합니다. 사람은 소우주라 했습니다. 우주가 일체이고, 그 안에 화성·목성·지구 등의 위성, 나아가 은하계도 다 일체 속에 하나입니다(뒤에 「법성게」 해석을 참고 바랍니다). 그러하듯 이 몸 하나도 일체 속에 또 하나의 소우주입니다. 그러므로 이것(육신)을 벗어나 일체로 합치될 때 비로소 도道의 문에 이를 수 있게 됩니다. 이때 그 어떤 육체에 티끌만한 점이라도(통증) 끄달리게 되면 의단 그 자체를 벗어나지 못하여 진전이 없음을 발견했습니다. 즉 육신에 결함이 있으면 그 육신을 관장하는 뇌혈(神)이 개발되지 않아 더 이상 나아가지 못함을 의미합니다. 결국은 육신의 벽을 넘지 못하면 정각은 요원하다는 의미가 된다는 것입니다.

다시 말해 투명한 병에 든 물이 큰 바닷물에 잠겨 바깥세상을 보고 있기는 하나(智慧) 일체는 아니라는 경계와 같은 현상을 발견하게 되었습니다. 즉 물병이 터져 바닷물과 섞이어 일체가 되어야 비로소 큰 길로 나아가게 되는 이치입니다. 우주적으로는 대기권에(色) 머물러 있는 것이죠. 즉 색과 진공이 분리되는 공에 머무르는 현상, 즉 마음에 걸림이 생기는 현상이라 할 수 있을 것입니다. 물론 일반적인 삶에서는 별로 큰 장애라 보지 않고 살아왔는데, 도의 문턱에서 이러한 난관이 될 줄은 알지 못했습니다.

저는 이 현상을 이렇게 알아차렸습니다. 업식에 의하여 생긴 육신의 병이 그 업의 원인이 사라졌다 하더라도 그것에 의하여 이미 만들어진 장애(摺)는 스스로 치유해야 함을 말입니다. 예를 들면, 나무에 홈을 파고 튼 딱따구리 둥지는 딱따구리가 떠났다 하더라도, 그 빈 둥지에 새살이 돋아 정상적인 원래 상태로 채우고 되돌리는 것은 나무 스스로가 해야만 한다는 것입니다. 즉 장애로 막혀버린 부위의 경혈을 열고 사용하지 않던 경혈을 다시 내고, 주변 신경계들이 원활히 되어 세포가 활성화되도록 인체의 자연 치유력을 만들어 인체의 흐름을 정상적으로 치유하는 원리입니다. 이를 화두관에 의하여 치유한다는 것은 너무 힘들고 어려운 일이고 시간이 필요한 정진이란 것을 정진 중에 발견하게 되었습니다. 이러한 경계들의 이해를 돕기 위해서 아래에 보조국사 『수심결修心訣』을 인용합니다. 참고하시면 좋을 듯합니다.

● 신통 변화

【질문】 앞에서 말씀하신 견성이 진정한 견성이라면 그는 바로 성인입니다. 그는 마땅히 신통 변화를 나타내어 보통 사람과는 다른 점이 있어야 할 것입니다. 그런데 요즘 수도인들은 어째서 한 사람도 신통 변화를 부리지 못합니까?

【대답】 그대는 함부로 미친 소리를 하지 말라. 삿되고 바른 것

을 가릴 줄 모르면 그는 어리석은 사람이다. 요즘 도를 배우는 사람들이 입으로는 곧잘 진리를 말하면서 마음은 게을러 빠져 도리어 분수 밖의 잘못을 범하고 있으니, 다 그대가 의심하는 데에 떨어진 것이다. 도를 배우면서 앞뒤를 알지 못하고, 진리를 말하면서 근본과 지말을 가리지 못하면 그것은 삿된 소견이지 진실한 공부라고 할 수 없다. 자기 자신만 그르칠 뿐만 아니라 남까지 그르치게 하는 것이니 어찌 삼가지 않을 것인가.

대체로 도에 들어가는 데는 그 문이 많으니, 요약하면 돈오頓悟와 점수漸修 두 문에 지나지 않는다. 비록 돈오돈수頓悟頓修가 가장 으뜸가는 근기의 길이라 하지만, 과거를 미루어 보면 이미 여러 생을 두고 깨달음에 의지해 닦아 차츰 익혀 왔으므로 금생에 이르러 일시에 단박 마치는 것이다. 그러나 사실에 있어서도 이것은 먼저 깨닫고 나서 닦는 근기이다. 그러므로 돈오와 점수의 두 문은 모든 성인이 의지할 길이다.

예전부터 모든 성인들은 먼저 깨달은 뒤에 닦았으며, 이 닦음에 의해 증득했다. 그러니 이른바 신통 변화는 깨달음에 의해 닦아서 차츰 익혀야 나타나는 것이지, 깨달을 때 곧 나타나는 것은 아니다. 경에 말씀하기를 "이치는 단박 깨닫는 것이므로 깨달음을 따라 번뇌를 녹일 수 있지만, 현상은 단번에 제거될 수 없으므로 차례를 따라 없애는 것이다."라고 하였다.

규봉圭峰 스님도 먼저 깨닫고 나서 닦는 뜻을 상세히 밝히면서 다음과 같이 말씀하였다.

"얼어붙은 못이 모두 물인 줄은 알지만 햇빛을 받아야 녹고, 범부가 곧 부처인 줄을 깨달았지만 법력으로써 익히고 닦아야 한다. 얼음이 녹아서 물이 흘러야 대고 씻을 수 있고, 망상이 다해야만 마음이 신령하게 통하여 신통 광명의 작용을 나타낼 수 있다."

그러므로 신통 변화는 하루아침에 이루어지는 것이 아니고 점점 익혀감으로써 나타나는 것임을 알아야 한다. 그렇다 하더라도 신통이란 깨달은 사람의 경지에서는 오히려 요망하고 괴이한 짓이며, 성인에게 있어서도 하찮은 일이다.

혹시 나타낼지라도 요긴하게 쓸 것이 못 되는데, 요즘 어리석은 무리들은 망령되이 말하기를 "한 생각 깨달을 때 한량없는 묘용妙用과 신통 변화를 나타낸다."라고 하니, 이와 같은 생각은 앞뒤를 분간하지 못하고 근본과 지말을 알지 못한 탓이다. 앞과 뒤, 근본과 지말을 모르고 불도를 구한다면 모가 난 나무를 가지고 둥근 구멍에 맞추려는 것과 같으니 어찌 큰 잘못이 아니겠는가. 일찍이 방편을 모르기 때문에 절벽을 대하듯 미리 겁을 먹고 스스로 물러나 부처의 씨앗을 말리는 사람이 적지 않다. 자신이 밝지 못하기 때문에 남의 깨달음도 믿지 않으며, 신통이 없는 이를 보고 업신여긴다. 이는 성현을 속이는 것이니 참으로 슬픈 일이다.

● 돈오점수頓悟漸修

【질문】돈오와 점수의 두 문이 모든 성인들이 의지할 길이라고 말씀하였는데, 깨달음이 단박 깨달음(頓悟)이라면 왜 차츰 닦을(漸修) 필요가 있으며, 닦음이 차츰 닦는 것이라면 어째서 단박 깨달음이라 합니까? 돈오와 점수 두 가지 뜻을 거듭 말씀하여 의심을 풀어 주소서.

【대답】범부가 어리석어 사대四大를 몸이라 하고 망상을 마음이라 하여, 자성自性이 참 법신法身인 줄 모르고 자기의 영지靈知가 참 부처인 줄 모른다. 그래서 마음 밖에서 부처를 찾아 이리저리 헤매다가 선지식의 가르침을 받고 바른 길에 들어 한 생각에 문득 마음의 빛을 돌이켜 자기 본성을 본다. 이 성품의 바탕에는 본래부터 번뇌 없는 지혜가 저절로 갖추어져 있어 모든 부처님과 조금도 다르지 않다. 이것을 돈오라 한다. 본성이 부처와 다름이 없음을 깨닫기는 했지만, 끝없이 익혀온 버릇(濕氣)은 갑자기 없애기는 어렵다. 그러므로 깨달음을 의지해 닦고 차츰 익혀서 공이 이루어지고 성인의 모태母胎 기르기를 오래하면 성聖을 이루게 되니, 이를 점수라 한다. 마치 어린애가 갓 태어났을 때 모든 감관이 갖추어 있음은 어른과 조금도 다르지 않지만, 그 힘이 아직 충실하지 못하기 때문에 얼마 동안의 세월을 지낸 뒤에야 비로소 사람 구실을 하는 것과 같다.

위와 같이 『수심결』을 인용한 이유는 이러한 경계의 이해를 좀 더 쉽게 하기 위함입니다. 어느 날 불현듯 업식이 다하여 생각지도 못했던 지혜가 열리긴 했으나, 그것은 위의 인용처럼 '마치 어린애가 갓 태어났을 때 모든 감관이 갖추어 있음은 어른과 조금도 다르지 않지만, 그 힘이 아직 충실하지 못하기 때문에 얼마 동안의 세월을 지낸 뒤에야 비로소 사람 구실을 하는 것과 같다.'라고 한 뜻과 같이, 업식이 빠져나간 자리(마음)에 새살(습)이 돋고 제구실(온전한 습의 마음 상태)을 할 시간이 곧 점수라 함입니다.

즉 타고난 육신의 병약함은 업병이었으며, 그 업이 멸한 육신에 남은 흔적과 마음에 드리워진 관성은 습인 것입니다. 지금까지의 정진은 타고난 힘의 바탕이 원천이었다면, 지금부터는 스스로의 힘으로 극복해야 하는 정진력이란 것도 이해했습니다. 다시 설명하면, 오랜 시간 동안 큰 토지를 관통하던 큰 물길을 막아버려 황폐해진 토지에, 악덕 훼방꾼을 쫓아내고 방치된 토지에 농사를 지으려면 길도 내야 되고 농수로도 만들어야 하는 등등 많은 것들을 해야 되는 일이라고 생각했습니다. 어쩌면 불가능한 일이라고 생각되어 이생에서 이 공부는 여기까지구나 생각하고, 또 현재 건강 상태만 유지하더라도 행복이구나 생각하고, 생업을 병행해야겠다는 결정을 하게 되었고, 산사를 내려와 스스로 독립적인 수행정진을 결심했습니다.

이해를 돕기 위해 더 자세한 설명을 덧붙여야 하지만, 더 이상의 자세한 부분은 개인사인 관계로 드러내지 못함을 이해해 주시기 바랍니다. 다만 암을 퇴치할 만큼의 노력과 고통이 수반된다고 보셔도 좋을 듯합니다. 정진 중에 화두관으로 그 난관을 헤쳐 나가느라 반신이 모두 마비될 지경까지 되어도 그 막힌 점을 뚫고 나가기 위해 목숨을 건 적도 있었습니다. '차라리 이럴 바엔 절 데려 가십시오!'라고 말입니다.

좌복에서 일어나지 않고 7~8시간씩 화두관으로 업식과 대적해서 싸울 때 갑자기 백회 부분에 천둥이 터지는 것 같은 소리가 들리고 나더니 반신의 마비되어 가던 혈이 뚫려 나가기 시작했습니다. 이러한 용맹심을 낼 때면 온몸이 땀범벅이 될 때도, 좌복 밑에 곰팡이가 슬 때도 있었습니다. 결코 이 공부가 녹록한 것만은 아니란 것을 알았고 삶이 너무나 겁나기 시작했습니다.

"전생의 어떤 삶이 지금 내게 이러한 시험을 치르게 하는지요, 부처님?"하며 저절로 참회의 백팔배가 나오고 통곡이 앞을 가리기도 했습니다. 이러한 경우는 큰 바위덩어리 하나를 조각을 내어 없애버리고 길을 만들어야 하는 고통과 같이 목숨을 걸고 정진을 하지 않으면 안 될 만큼의 고통이 따름을 이해했으면 합니다. 그리고 이 옵션은 수행정진을 통한 해결이 아니고서는 어떤 물리적이거나 약물적인 해결 방법이 없다는 것입니다. 도의 관점에서는 이 산을 넘지 않으면 요원하다는 강력한 옵션인 것입니다.

5. 생업으로의 귀환

재가선원 정진과 소백산 독거 토굴

사회 적응 훈련 차 정진을 병행하며 대중 정진 경험을 위해 재가선원인 해인사 원당암 방부를 시작으로 인천 용화사 시민선원, 학림사 오등선원, 봉은사 시민선원 등에 방부 결제 혹은 출퇴근을 하며 대중 정진 경험을 함께 쌓아 나가는 동안 육체적 장애를 해결하기 위하여 꾸준히 정진을 놓지 않았습니다. 그러나 그 진전이란 그리 만만한 벽이 아니란 것을 또다시 체험하기 시작하게 됩니다.

화두의 힘으로 무리한 정진을 하다 보면 상기가 되어 머리가 아프고 쿵쾅거림이 계속된다거나 부작용이 또 발생하기도 하였습니다. 이렇게 화두 정진이란 무리하게 힘으로 밀어붙인다고 되는 일이 아니란 걸…… 조금씩, 조금씩 인체의 자연 치유 흐름을 보아가며 정진을 병행해야 하므로 시간이 필요한 정진이라는 것을 느끼게 되었습니다.

그렇다면 지금까지 수행을 통하여 알아진 것들을 경전과 연계해서 체계적으로 정리해 둬야 할 필요성을 인식했고, 그러기 위하여 봉은사 재가 봉은선원에 출퇴근 정진을 하면서 종무실 자원봉사를 했습니다. 그 당시 산사에 기거할 때 큰스님께서 특별히 제게 『아함경』을 공부하는 게 좋겠다고 조언하신 것이 상기되었습니다. 당시 동국대 역경원에서 『아함경』 199권을 번역하고 있을 터라 다운을 받아 제 나름의 검색프로그램을 만드는 작업을 완성했고, 또 CD로 자료화했습니다. 너무 방대한 자료이긴 했지만 경전군 별로 분류 검색이 용이하도록 분류 작업을 하는 동안 경전들을 짚어보게 되면서 대승경전의 뿌리가 여기에 있음을 발견했습니다. 전체적인 결론은 부처님 시대 구전에 의한 설법들 속에 흩어져 있거나 반복되어 있는 말씀을 대승경전들은 경전군 별로 정리하여 결집한 것이라는 걸 발견하게 되었습니다.

일 년여를 그러는 사이 또 용맹정진의 강한 에너지가 마음으로부터 용솟음치기 시작했고, 재가 생활 동안 나태해진 자신을 채찍질하고 마지막 힘을 내어보자는 각오로 독거 토굴 정진을 감행하기로 결심했습니다. 인연 터를 물색하기 위하여 기도하는 마음으로 5대 적멸보궁 순례기도를 감행하여 설악산 봉정암, 오대산 상원사, 태백산 정암사, 영월 법흥사, 양산 통도사를 각 1박 2일씩 순례했습니다. 순례를 마치는 끝자락에 소백산 비로봉 중턱 750고지에 인연 터 하나를 소개받게 되었고, 11월에 입산 안거 준비를 급하게 하고 동안거에 들어갔습니다. 이렇게 재가 생활 중 정진의 퇴굴심이 생길 때면 5대 적멸보궁 순례기도를 매년 정례화하기도 하며 마음을 다잡았습니다.

소백산 토굴에서의 안거

화두 정진의 원천은 간절함입니다. 그러나 재가 생활이란 아무리 어렵다 하더라도 생활적으로나 마음으로나 그렇게 간절함이 생겨날 수 있는 환경이 아닐 것입니다. 먹고 사는 문제가 없다면 주변의 눈치를 살펴야 할 것도 없고 차려주는 밥상에 그야말로 등 따시고 배부른데 누가 어려운 일을 자초하려 하겠습니까? 이러다 보면 정진 생활이 자칫하면 나태해져 제대로, 그야말로 제대로 된 정진을 하기가 어렵다는 것에 동의를 하실 것입니다. 더더욱 저의 경우는 대충하는 정진으로는 벽을 넘기가 어렵다는 것을 잘 알고 있었기 때문에 더욱 그러합니다.

그래서 스스로 간절함이 배어나올 수 있는 환경을 만들고, 저절로 '내가 왜 이러는지?'란 의심이 절로 배어나오도록 오지 중 오지로 몸을 가두었습니다. 4킬로미터여 능선을 넘어 등짐을 해서 먹을 것을 날랐고, 겨울에는 눈이 한 번 오면 오도 가도 못하고 갇히게 되는 곳이므로 기본적인 먹을거리를 준비하고, 지게 짐으로 쓰러져 죽은 나무로 땔감을 마련하고, 솥단지를 걸고 처마에 비닐 막을 치고 대강의 준비를 마치고 안거에 들어갔습니다. 그렇다곤 하나 소백산의 거친 바람과 눈보라는 하늘 높은 줄 모르고 높이 솟은 낙엽송을 쓰러뜨릴 만큼 거센 나날들이 계속되고, 가끔은 낙엽송 넘어가는 소리도 우두둑 우두둑거렸습니다.

오랫동안 방치했던 토굴은 갈라진 벽 사이로 온통 바람이 새어들어 군불로 데워 놓은 구들방은 얼음이 얼고, 게다가 바깥이 너무 추우니 바깥출입을 할 수 없어 토굴 문짝을 열고 뜰에서 코펠로 밥을 지어 하루 한 끼의 끼니를 깻잎 절임 하나, 조각 김치로 때우곤 했습니다. 골짜기 물도 얼어붙고, 지하수도 얼어붙고, 온통 얼음과 눈으로 덮인 소백산은 겨울왕국이었습니다. 100여 미터를 오금까지 올라오는 눈을 헤치며 계곡물 얼음장을 깨고 한 말들이 물지게로 물을 길어다가 방안에 보관하고, 아침저녁으로 아궁이에 군불로 난방을 합니다. 굴뚝에서 피어오르는 흰 연기가 정겹고, 화두는 저절로 간절하다 못해 눈물까지 동반합니다.

이 무엇인가? 누가 하라고 한 것도, 집도 가족도 없는 것이 아닌데 왜 이런 낯선 곳에 와서 고생을 사서 하는가? 참으로 기가 막힐 노릇이고 통곡이 절로 날 뿐이었습니다. 어차피 홀로 가야 할 이 길에 무엇에 기댈 건가? 홀로 결심으로 뚜벅뚜벅 그냥 가고 있을 뿐입니다.

그러나 이불을 덮어쓰고 좌복에 앉고 나면 무릉도원이 바로 이곳인가 싶어집니다. 모든 들려오는 바람소리, 짐승소리, 새소리도 천상의 소리로 들려오고, 소백산의 겨울이 눈보라와 함께 이렇게 지나갑니다.

구절초 지는 언덕에서……

소백산을 넘던 구름 숨이 차서 헐떡이고
비바람 천둥소리로 이 마음 꽃 피웠네!

가고 오는 모습으로 무상無常을 설하여도
나를 보는 그대 눈가엔 눈물방울이 고여 드네!

마지막 한 잎까지 손짓 발짓 다하여도
끝내는 눈물 흘리는 그대가 가엾어
어찌 하오리까?

아!
소백산 영평永平 들녘이
피안彼岸의 언덕인 것을……
(소백산 수행처에서, 法雲)

예전에는 끓어올랐던 발심의 힘으로 정진을 지어 갔다면, 이제는 그동안 쌓인 정진력으로 훨씬 여유로워졌음을 알 수 있었습니다. 틈틈이 『아함경』을 읽고 해석하기도 했습니다. 온 천지가 눈으로 덮인 산야를 지금도 생각하면, 겁도 없이 혼자서 겨울 산행도 하면서 소백산의 눈꽃을 즐기며 체력도 다지면서 한층 여유 있는 정진 생활이었다고 생각됩니다. 인생이 단지 잘 먹고 잘 입고, 고대광실만이 삶을 행복하게 하는 것이 아니란 것을 더더욱 알게 하는 계절이 되었던 것 같습니다.

산철에는 아름드리 쓰러진 낙엽송을 베어 지게로 날라 네 기둥을 잭(jack)으로 들어올려 빗대어 세우고, 흘러내린 벽은 갈대를 잘라 썰어 흙과 섞어 벽을 만들고 아궁이를 다시 세우고 가마솥을 걸고,

뜰 축대를 다시 쌓아 보완하고 쓰러져 가는 토굴을 다시 손질하며 산야를 더욱 품에 안고……, 이 에너지가 어디서 나오는지 자문하며 먹고 자고 일하고 살아 숨 쉬고 있는 자체가 살아 있는 화두였습니다. 산야에 지천인 약재 산나물, 스스로 먹을거리도 채취해 보고 그야말로 산사람이 되어 진정으로 자연과 일체감을 느끼는 시간이었습니다. 글도 쓰고, 세상이 온통 아름다운 운율의 선시가 되어 나오니 대자연이 다 법문인 것이었지요. 그 어떤 경전의 한 구절이라도 막힘이 있으랴? 그럴수록 아무것도 한 것이 없구나. 그냥 다 놓아진 이 마음으로 세상에 나아간 나는 어떤 모습일까?

　그러기를 2년여. 또 다른 도전이 솟아오르기 시작했습니다. 하산을 결심하고 재가인으로 회향하기 위한 터전을 마련하기로 원을 세웠습니다.

　　삼척동자가 다 아는 일이라도
　　백 살 먹은 노인도 행行하기는 어렵다!
　　세상엔 좋은 말과 좋은 글이 넘쳐난다!
　　좋은 말과 좋은 글이 없어서
　　알지 못하고 깨닫지 못해서
　　괴로움을 자초하는 것은 아닐 것이다.
　　오히려 너무 많이 배우고 알아서
　　이기적이기까지 되어버린 것은 아닐까?
　　배워서 알고, 보고 들어 옳다고 하는 일에
　　얼마나 행동으로 살아가는가를

살펴보아야 할 것이다.

『아함경』에
제악막작諸惡莫作하고
중선봉행衆善奉行하며
자정기의自淨其意하라
시제불교是諸佛教니라!

모든 악을 짓지 말고
온갖 착한 일을 받들어 행하며
자기 스스로를 청정하고 깨끗이 하여 마음을 고요히 하라
이것이 모든 부처님들의 가르침이라! 하였습니다.
이 짧은 몇 자 안 되는 글귀는 우주를 품었습니다!
이 한 법으로 하여 팔만사천법문이 나오고
또 팔만사천법문은 이 한 법으로 돌아가는 것이라!
했습니다.(만법귀일)
알면서도 행하지 못하면 아는 것이 없고
배워서 풍부한 지식을 갖추었다고
꼭 세상을 바로 사는 것만은 아닐 것입니다.
마음이 순수하고 깨끗하여 진실하다면
그것 하나만으로도 세상을 다 가질 수 있습니다.
그것이야말로 행복이란 글자를 바로 아는 것입니다.
몇 자 안 되는 말이지만 위의 글귀를 새기면서

항상 현재를 살펴

지혜로운 삶이 되기를…….

(소백산에서『아함경』을 정리하면서)

불교 공부의 체계를 세우다

도예선陶藝禪

접시에 선禪을 치고

항아리에 도道를 묻혀

열반涅槃에 구워 내리니……

흰 털끝 허공을 묻혀

한 올 한 올 선禪을 엮어

그대 마음에 묻어 두리……

- 法雲

선열禪悅

선禪의 소리 접시에 담고

법法의 빛은 항아리에 새기었네.

파도치는 번뇌일랑

가마 속에 구워 내어

적정법열寂靜法悅 이루소서!

　- 法雲

　　본래 불교에 관해선 무식자였습니다. 그러나 수행을 통한 알아차림을 경전과 연계하여 체계를 정리할 필요를 느끼게 되었습니다. 그리하여 지금은 열반하신 목정배 박사님이 설립하신 법사대학에 입문하여 경전을 공부했는데, 그리 많은 시간은 필요하지 않았습니다. 다만 법을 전해야 하는 단계에서는 또한 필요 불가결한 과정이란 것을 알게 되었고, 특히 스스로 체득한 진리의 과학적 논리를 경전과 접목하는 학문적 체계가 필요하였습니다.

　　현대인들은 종교적이고 형이상학적 세계를 믿음으로 이해를 강요할 경우 잘 받아들이지 않습니다. 왜냐하면 형이하학적 논리에 익숙해 있기 때문이기도 합니다. 그리하여 현대 교육이 물리학적 논리 사고의 교육에 길들여져 있기 때문에 어려운 경전 문자들의 이해가 잘 안 될 때가 있습니다. 이 이치를 과학적 논리로 접목하면 보다 빠른 이해를 도울 수 있기 때문입니다. 그리고 실제로 불교는 너무나 과학적이기 때문입니다. 2,500여 년 전 싯달타 샤카모니 부처님이 이미 깨달음으로 발견한 진리를 현대 과학이 하나하나 밝혀가고 있기 때문입니다. 물론 불교의 핵심은 이해하는 종교라기보다는 깨달음의 종교이긴 하지만, 문명이 발달한 현대인들의 습관이 학문적 접근에 더 용이하기 때문이기도 합니다.

　　그렇다 하더라도 그 학문적 지식을 통해 지혜로 나아가는 수행을 해야 하지만, 그에 대한 일에는 소홀해지는 것을 안타깝게 생각합니다. 그리하여 참선의 수행정진 방법과 해석을 좀 더 진보적 관점에서 과학적 원리로 접근해 보려고 애를 썼습니다. 재가 참선 수행자들이 정진 중에 일어나는 경계나 인체에 미치는 영향 등을 좀 더 쉽게 이해하고 접근할 수 있도록 개인적 특이한 경험을 접목하여 해석하려고 노력하였습니다.

6. 참선실수參禪實修

선禪이란?

우리가 흔히 아는 바와 같이 선禪은 불교의 수행 중 깨달음에 이르는 가장 수승한 법이란 것은 이미 다 알려진 바입니다.

우선 선禪이란, 어원에서 보듯이 볼 '시示' 변에 하나 '단單'이란 한자로 조합되어 있습니다. 즉 '하나를 본다'란 말입니다. 이 뜻은 '일관一觀한다', 바꾸어 말하면 '일체一體를 본다'라는 뜻으로 해석될 수 있습니다. 이것은 모든 일어나는 생각, 지난 생의 업식業識 또는 현재의 생활 속에서 복잡하게 얽히어서 일어나는 모든 생각(망상)을 하나로 집중하여 번뇌로부터 마음의 안정을(禪定) 이루어가서 끝내는 일체종지(一切種智, 知慧)의 깨달음에 이르게 하는 수행법을 말합니다.

선禪 수행의 종류와 방법

선 수행의 종류에는 부처님 재세 시대부터 위빠사나 명상冥想으로 전래되어 왔으며, 중국으로 건너온 선종의 시조 달마조사 이래 목조선과 간화선 등과 같이 여러 가지 방편이 전해 옵니다. 하지만 이러한 조사선은 시대의 변천과 그 시대에 맞는 방편에 따라 조금씩 변모해 왔으며, 중생의 근기가 하락하는 근래에 와서는 시대의 방편선으로써 간화선, 즉 화두선을 주로 하고 있습니다. 이 화두선은 말씀 화話에 머리 두頭로서 '머리말'입니다. 즉 화두란 우리가 무엇인가 찾고자 갈구하는 본질에 대한 머리말, 즉 의문문(供案)인 것입니다. 그래서 화두는 참구코자 하는 목적지(彼岸)로 안내하는 지팡이, 혹은 저 번뇌의 강을 건너는 뗏목에 비유되기도 합니다. 화두란 바로 이러한 역할을 담당하는 도구라고 생각한다면 적절한 표현이 아닐까 싶습니다. 그리고 화두의 본질을 발견하여 끝내는 지혜를 얻고, 마음의 자유와 평화를 얻어 깨달음에 이르고자 하는 데 화두 참구의 목적이 있습니다.

여기에서 어떤 분들은 참선과 명상의 차이점에 대하여 질문을 많이 합니다. 이 둘은 모두 영어로는 Meditation(명상)이라고 합니다.

또 그 발상지가 인도란 점에서 유사합니다. 인도의 샤카모니 부처님이 깨달음에 이르게 된 수행 방법이 위빠사나 명상법이라고 할 수 있습니다. 그 명상법이 미얀마, 태국 등으로 원형 그대로 전래되어 오면서, 약간의 수행 방법들을 조금씩 달리 하면서 위빠사나 명상법이라 하여 남방불교로 전해오고 있습니다.

또 다른 참선이라고 하는 명상법은 달마선사가 중국으로 건너와 면벽面壁을 통한 명상을 당시 중국식 표현으로 묵조선默照禪이라 명하여 전해오다가, 1조 달마선사로부터 6조 혜능으로 전해져 내려오면서 조사들로부터 간화선, 즉 화두 참선법이 전해져 내려온 것으로 이해하면 좋을 것 같습니다. 이해를 돕고자 약간의 부연 설명을 드리고자 합니다.

간화선의 화두 참선은 화두의 의심을 통해 의정을 일으키고 끝내는 화두 타파를 통해 마음의 실체를 밝히는 수행이라 한다면, 명상이란 의식의 집중을 통하여 산란한 마음을 고요히 맑혀 가서(사마타 명상) 끝내는 마음의 실체를 발견하는 깨달음에 이르게 되는 수행법(위빠사나 명상)이라 할 수 있을 것입니다.

참고로 선종의 계보를 보면, 선종이란 불교 종파의 하나로서 좌선에 의해 심신을 통일하고 마침내는 자기가 그대로 부처임을 깨닫는 것을 목적으로 합니다. 좌선은 석가모니 이래 불교 전반에서 사용되고 있는 방법으로, 특히 선종은 좌선에 중점을 두고 있습니다. 인도의 보리달마菩提達磨가 6세기 초 중국에 전하고, 5조 홍인五祖弘忍 문하의 혜능慧能·신수神秀가 각기 남종南宗·북종北宗을 일으켰습니다. 이후 혜능 문하의 청원행사靑原行思 계통에서 조동종曹洞宗, 남악회양南嶽懷讓 계통에서 임제종臨濟宗이 일어납니다. 그밖에 오가칠종五家七宗이라 불리는 종파가 있습니다. 이들은 '불립문자不立文字'·'교외별전敎外別傳'을 내세우며, '직지인심直指人心'·'견성성불見性成佛'을 주장합니다. 즉 문자에 의하지 않은 순수 체험의 직접 전승을 중시하고, 또 자기의 본성이 부처임을 직접 경험하여 그대로 성불하고자 합니다.

선은 불교에서는 없어선 안 될 것으로, 계戒·정定·혜慧 삼학三學을 말합니다. 계戒는 신구의身口意의 악惡을 그치고 그릇됨(非)을 막는 계율이며, 정定은 산란심을 막고 안정을 얻는 법으로, 즉 모든 선정禪定과 삼매三昧를 말합니다. 혜慧는 미혹(惑)을 깨뜨리고 진리를 깨닫기 위한 사제四諦, 12연기, 또는 진여·실상을 관하는 것입니다. 따라서 삼학은 실천 방면에서도 불교의 중심이 되는 가르침입니다. 달마의 선은 종래의 그것(화두선)과 달리 조사선祖師禪이라고 불리며 중국 선종의 기초를 이룩한 선법입니다. 이 계통의 불학은 남북조 시대에는 그리 만개하지는 아니하였지만, 이후 2조 혜가, 3조 승찬, 4조 도신, 5조 홍인으로 상전되어 당대에 이르러 신수와 혜능이 출현함에 여기에서 선종이 확립되었고, 문하에 많은 고승대덕이 배출되어 선종의 일파는 크게 떨치게 됩니다. 당나라 말기에 이르러서 다른 종파들이 쇠퇴의 길을 향하고 있을 때 선종 홀로 융성할 수 있었으며, 중국불교의 대표적 종파가 되기에 이르렀습니다.

*(참고)『조당집祖堂集』에 근거한 전보(傳譜: 조사의 전등 계보)

제1대 조사	마하가섭	제18대 조사	가야사다
제2대 조사	아난	제19대 조사	구마라다
제3대 조사	상나화수	제20대 조사	사야다
제4대 조사	우바국다	제21대 조사	바수반

제5대 조사	제다가	제22대 조사	마나라	
제6대 조사	미차가	제23대 조사	학륵나	
제7대 조사	바수밀	제24대 조사	사자	
제8대 조사	불타난제	제25대 조사	바사사다	
제9대 조사	복타밀다	제26대 조사	불여밀다	
제10대 조사	협존자	제27대 조사	반야다라	
제11대 조사	부나야사	제28대 조사	보리달마	중국제1조
제12대 조사	마명	제29대 조사	혜가慧可	제2조
제13대 조사	가비마라제	제30대 조사	승찬僧璨	제3조
제14대 조사	용수	제31대 조사	도신道信	제4조
제15대 조사	가나제바제	제32대 조사	홍인弘忍	제5조
제16대 조사	라후라다	제33대 조사	혜능慧能	제6조
제17대 조사	승가난제			

선의 마음자세

참선은 본디 뜻으로 지어 나가는 것이기 때문에 일상생활 속에서 참구하고자 하는 의문이 일어나면 항상 그 생각에 몰입되어 들어가 그것을 발견하면 되는 것인데, 중생의 근기가 미력하여 그 근기를 끌어올리기 위해 모든 반연을 끊고 출가하여 수행에 전념하는 길을 택하거나, 산천에 독거를 틀고 수행을 하게 되는 것이라 하겠습니다.

또 다른 하나는 재가 수행을 하는 경우인데, 요즈음은 재가에도 재가선원 혹은 시민선원이라 하여 재가 참선 수행을 돕기 위하여 사찰에서 선원을 운영하는 곳이 많이 늘어나고 있습니다. 이러한 장소를 통하여 수행정진을 해 간다면 금생에 다 이루지 못한다 할지라도 참으로 좋은 지계와 인욕바라밀과 정진바라밀을 성취하는 길이니, 이 얼마나 큰 공덕의 원인을 만드는 것이겠습니까?

좌선 자세

좌선의 자세는 결가부좌와 반가부좌 중 가능한 편안한 자세를 만들고, 반가부좌 자세마저 어렵다고 생각이 되면 다리의 꼬임을 풀어서 그냥 편안한 자세를 하고, 그래도 불편하다면 가부좌를 한 좌복 위 엉덩이 뒤편에 두터운 보조 좌복을 더 깔아도 좋을 것입니다. 여기에서 주의할 것은 처음에는 가부좌에 대하여 너무 강제로 힘이 들게 하지 말 것을 말씀드리고 싶습니다. 왜냐하면 잘못하면 선禪이 아니라 요가가 될 수도 있으므로 주의를 요하는 것입니다.

화두선이 차츰 익어 가면 자연히 몸의 근육이 유연해지면서 자세가 잡혀 갈 수 있기 때문에 좌선자는 오로지 화두에만 마음을 전념하게 되면 모든 것은 화두에 의해 다 해결되게 되어 있는 것이 선禪 수행의 오묘함이라 하겠습니다.

그런 다음 낭심과 항문 사이의 회음부를 좌복에 바짝 붙이는 자세를 취하고, 허리를 곧추세우고 조용히 앉습니다. 두 손을 포개는 자세에서 양쪽 엄지손가락 끝이 가지런히 맞닿게 하고, 턱은 목 안쪽으로 살며시 당기는 듯 하며, 눈은 감지 말고 콧등을 보는 자세를 취하거나 앞쪽 바닥의 약 1미터 전방을 응시하되 보는 것에 초점을 너무 집중하지 않도록 유의합니다. 입안의 혀는 윗잇몸과 입천장

사이에 꼬부려 끼우는 듯 하고, 아랫니와 윗니는 지그시 다물어야 하는 것을 잊지 말아야 합니다.

이는 매우 중요한 사항으로, 화두가 활발해지면 모든 근육이 이완이 될 때 잇몸이 느슨해져 이가 모두 들뜨는 현상이 생길 수 있습니다. 또 입안에 고이는 침을 옥침이라 하는데, 이 침을 모아서 옆 사람에게 방해가 되지 않도록 조용히 삼키기 위함이기도 합니다. 그런 다음에는 아래에 설명하게 될 화두 참구에 마음을 집중해야 할 것입니다. 더 나아가 화두의 정진이 활발해져 기혈이 증장하게 될 즈음에는 어느 한곳의 흐름이 원활히 잘 안 될 경우는 그만큼 시행착오를 겪게 됩니다. 이런 경우는 필자도 실제 경험한 사항입니다. 또 하나 상기할 사항은 엄지손가락을 맞대지 않는 경우에도 어깨 쪽 기 순환이 원활하지 않게 되고, 이와 더불어 백회혈의 흐름이 장애가 되며, 심하면 심장과 폐 등 중단전의 흐름이 원활하지 않아 피로를 증가시키는 원인이 됩니다. 이 모든 체험은 고도의 정진 상태에 들어가면 모두 자기 몸을 들여다보게 됩니다. 이는 모두 밝혀진 사실들입니다. 그러므로 화두 정진자라면 항상 초심을 잃지 않아야 합니다. 아주 기초적인 문제가 나중에는 고질적 장애로 나타날 수 있음을 유의해야 합니다. 그 말뜻은, 아주 오랫동안 그러한 기초적인 문제를 소홀히 하면 그 부분에 장애가 일어나 소화에도 문제가 되는 등의 부작용이 일어나 병을 얻게 되는 일이 발생하게 되는데, 그러한 것을 제대로 지키지 않았거나 아집에 의하여 무시하고 정진하던 사람들이 나중에는 화두는 부작용이 많다느니, 그래서 화두 정진이 어떻다느니 필요 없는 낭설을 퍼뜨리며 구업을 짓고 있는 것을 종종 보게 됩니다.

화두의 간택

그러면 이 화두는 무엇을 어떻게 선정해야 할 것이며, 어떤 방법으로 참구해야 할까요? 우선 참선 수행을 하기 이전에 우리는 태어나고 자라고 살아가면서 그저 관능적으로 그렇게 살아갈 뿐, '왜 내가 태어나고 무엇을 할 것이며 어떻게 살아갈 것인가?'라고 깊이 고민해 본 적이 과연 있을까요? 물론 사람에 따라서는 자신의 인생에 대한 의문이 참으로 많은 분들이 있기도 합니다. 또는 참으로 삶의 가치관에 혼동을 느끼고 아주 심도 있는 고민을 하신 분들도 있을 것입니다. 예컨대 '나는 누구인가? 나는 왜 태어났으며 어디로부터 왔을까?' 혹은 '남들은 돈 많고 좋은 가정에서 유복하게 태어나 참으로 행복하게 살아가는데, 난 왜 힘들고 고달픈 인생을 살아가야 하는가?' 등등. 이렇듯 각자는 저마다 자기 인생의 고락과 삶의 의미에 대해 가끔은 깊은 의문을 가져본 적도 있을 것입니다.

물질적 풍요를 누리고 사는 사람도 그 나름의 애환이 있을 것이며, 없이 사는 사람도 없어 고통받는 애환의 삶과 그에 대한 실의失意가 있을 것이며, 또는 참으로 감사하고 행복한 삶을 살아가고 있는 경우도 있듯이 인생은 참으로 복잡다단하다고 할 수 있을 것입니다. 부처님께서 발견한 진리의 말씀처럼 "생生은 곧 고苦다", 즉 "일체개고一切皆苦"라고 하는데, '왜 일체가 고라 했을까?' 아니면 '나는 왜 이렇게 태어났을까?' 등등 각자는 자기 자신에 대하여 한

74

번쯤은 이러한 질문이나 의문을 가져보았을 것입니다. 그렇습니다. 바로 화두란 자신의 문제에서부터 출발하는 것입니다. 그 의문이 곧 화두입니다. 또는 큰 뜻을 가지고 인류의 문제, 어떤 가치관의 혼동에서부터 참으로 진리 탐구에 간절한 원력을 세우는 경우도 있습니다만, 대체적으로 부처님도 그랬듯이 '인생이 무엇이며, 왜 태어나고 늙어가고 병들어 끝내는 죽음의 고통으로 가야만 하는가?'에서 출가를 결심하고 수행정진 끝에 대 진리를 발견하신 것처럼, 화두의 본질은 간절한 의문의 참구입니다. 그러면 이러한 화두의 선정(선택)은 어떻게 할 것인가?

화두를 선정함에는 조심스러움이 있습니다. 그 이유는, 화두는 수행자 각자의 근기와 업력에 따라 화두를 갖는 게 좋은데, 이때 선지禪智가 높은 선지식에게 자신의 근기를 점검받고 거기에 적당한 수행지침을 받는 것이 좋을 것입니다. 왜냐하면 참선을 지도받고 지도한다는 것은 한 사람의 인생을 책임져야 할 만큼의 중요한 문제이기도 하기 때문입니다.

예를 들면 개인의 근기에 따라 수행 방법을 단계적으로 나아가야 하는데, 처음부터 화두 수행이 좋다고 하니깐 무턱대고 화두만 부여잡고 가부좌를 틀고 시간을 때우느라 몸에 병을 얻는다든가 하는 또 다른 부작용을 낳게 되는 경우를 우리는 주변에서 흔히 볼 수 있습니다.

그래서 선지식에게 근기에 따라 화두와 수행지침을 받는 것이 우선되어야 좋은 참선 수행의 출발이 될 수 있을 것입니다.

필자의 경험으로는 처음 입산하여 큰스님께 출가를 청하자 화두 정진을 하다 보면 스스로 답을 얻을 것이란 말씀을 해주셨습니다. 이에 대해 나중에 큰스님께 질문을 했습니다. "처음 입산했을 때 두 사람은 출가를 허락해 주셨는데, 저는 왜 출가를 허락하지 않으셨습니까?" 그러자 스님께서는 "법운은 이쪽에도 능력이 있고 저쪽에도 필요한 사람이어서 양쪽 살림을 같이 살아야 돼서 그런 것입니다." 하면서 웃으셨습니다. 이렇듯 어느 사람에게나 이러한 결정은 일생일대의 매우 중요한 순간이듯이, 이 정도의 혜안이 없이 선을 지도한다는 것은 한 사람의 일생을 망치는 일이 될 수도 있습니다.

화두 수행의 주의 사항과 마음 자세

다음은 화두가 선정되면 화두 수행의 방법은 어떻게 할 것인가?

화두 수행법은 여러 서적이나 각 사찰 홈페이지 등 많은 정보들이 있으므로 참고하도록 하시고, 여기에서는 참선 수행에서 주의해야 할 점을 짚어보도록 하겠습니다.

참선 수행은 생활의 번뇌나 잡념을 단호히 떨치려고 결심을 하고 조용한 장소(사찰 혹은 선원)를 택하여, 두꺼운 좌복 위에 가부좌(이때 자기 몸에 맞는 가부좌의 상태가 가장 좋습니다. 반가부좌 정도)를 하고 마음의 안정을 얻기 위하여 화두 정진으로 바로 들어가는 것보다 호흡관을 먼저 시작하는 것이 화두 집중을 잘하기 위한 준비과정이 될 수 있습니다. 호흡관은 마음을 집중하여 마음을 잡념으로 부터 안정시키는 데 절대적으로 중요합니다. 위빠사나 수행에서도 위빠사나 수행 단계 이전에 사마타라는 과정이 있는데, 여기에서도 호흡관을 통해 미리 선정을 얻을 수 있습니다. 따라서 화두 참선에서도 호흡관이 오히려 초선정을 이루는 데 매우 중요한 수행 방편이 됩니다. 그런 다음 그 호흡관에 화두를 실어 주면 바로 의정을 잡을 수 있게 되고 수행이 순순히 진행될 것입니다.

화두를 관할 때 화두의 머리에 호흡을 길게 내쉬고 들이쉼을 반복합니다. 이때 화두에 모든 마음을 집중하면서 호흡은 아주 자연스럽게, 그냥 인체가 요구하는 대로 따라가도록 아주 자연스럽게 하여 거기에 마음을 뺏기어 화두가 달아나게 하지 말아야 할 것입니다.

이 말은, 화두란 곧 의식 집중입니다. 그런데 호흡을 너무 의식한 나머지 화두가 호흡관에 뺏기는 경우를 생각한 말입니다.(근기나 경우에 따라 호흡관, 즉 수식관 수행을 해야 하는 경우도 있음) 다음으로 가부좌의 자세는 온몸에 긴장을 풀고 모든 생각을 놓고 마음을 쉬는 상태로 들어가게 하여 몸과 마음의 상태가 가장 편안한 상태가 되도록 하는 것이 중요합니다.

이 말의 의미에 대해 인도의 명상가 라즈니쉬가 번역한 『달마조사의 선어록』을 인용해 보겠습니다. "놓아라! 쉬어라! 함은 무엇을 의미하느냐? 모든 상태를 수면 상태로 들어가라! 다만 의식을 가지고 들어가라! 다시 말해 의식을 가진 수면 상태로 들어가라!" 이와 같이 하면 몸 상태는 오직 허리 부분과 단전에만 힘이 모일 뿐, 모든 육신의 상태는 완전히 긴장이 풀린 상태가 되면서 안정될 수 있음을 느낄 수 있을 것입니다.

이렇게 화두가 조금만 간절해지면 의정이 잡힐 수 있습니다. 이 뜻은, 우리의 몸은 항상 번뇌(무의식)로부터 신경이 긴장해 있는 상태를 유지하고 있음을 알아야 합니다. '쉬어라! 놓아라! 비워라!' 하는 것은 현재 생각을 쉬라는 의미도 있지만, 궁극적으로는 '무의식에서 끊임없이 올라오는 번뇌를 쉬고 놓아라!'는 의미인데, 그것을 어찌 놓고 쉬란 말입니까? 이것은 무의식에 잠재된 번뇌망상에 끌려가지 말고 화두를 간단(끊임)없이 들라는 뜻입니다.

우리의 번뇌는 신경을 긴장하게 하는데, 그런 까닭에 근육이 긴장되고, 근육이 긴장되면 혈관이 수축하고 경직되어 순환기 계통이 원활하게 순환되지 못함으로 인해 피로를 빨리 느끼고, 나아가 병이 생기게 되는 것입니다.

그래서 수면을 취하게 되면 의식이 잠시 쉬게 되므로 근육이 이완되면서 근육의 피로를 풀어줍니다. 하지만 무의식이 잡고 있는 긴장 상태는 여전히 존재합니다. 그러면 수면 상태가 되면 정진의 효과가 있는 것이 아닌가? 하고 반문하실지 모르겠습니다. 하지만 여기에서 주의하여 이해해야 할 것은 휴식이란 면에서는 같은 이치일지 모르지만, 수면이란 현재의 의식을 잠시 멈추고 쉬는 점에서는 동일하지만 우리의 인체는 90% 이상의 잠재의식이라는 보이지 않는 의식 세계가 존재합니다. 이 잠재의식(업)은 전체의 약 80~90%가 되며, 현재의식은 수면 위에 떠 있는 빙산처럼 전체 의식의 약 10여%가(참고로 아인슈타인의 뇌가 16% 정도 사용되었다

함) 현재의식으로 살아갑니다. 그런데 이 현재의 생각이란 것은 현재 보고 듣고 느끼는 안이비설신의 감각적 의식과 색성향미촉법에 이미 내장되고 감성화가 되어 있는 무의식 세계가 합쳐져서 현재의 생각으로 나타납니다.

따라서 현재의 생각이라고 하는 것은 이 잠재의식의 뿌리에 영향을 받고 살아가게 됩니다. 그래서 수면 중 현재의식이 작용하지 않는 중에도 모든 자율신경은 심장도 움직이고 소화 작용도 하고 모든 기본적 인체 유지 활동을 지배하고 있고, 또 꿈이라는 무의식 세계에서 발현되는 현상도 나타나게 되어 있습니다. 이와 같이 수면 중이라 할지라도 완전한 상태의, 즉 무의식 세계까지도 휴식 상태는 아니라고 볼 수 있습니다. 참고로 현재의 의식이란 안이비설신 의에서 들어오는 정보에 의하여 생각하는 상태가 현재의식이라고 하고, 여기에 이미 무의식에 내재되어 업화된 습이 자신도 모르게 의식에 영향을 주게 됩니다.(지식과 지혜의 고찰에서 자세히 서술됨)

그러나 이 화두 정진은 현재의 의식 상태에서 만들어진 생활 번뇌 혹은 무의식 세계에서 샘물처럼 끊임없이 올라오는 번뇌를 끝없이 의식으로(화두) 관하는(화두 이외의 생각으로 올라오는 것은 번뇌임을 알고, 그 생각에 끄달리지 말고 번뇌를 번뇌로 바로 바라봄을 뜻함) 동안 멸하여 무의식 세계에 잠재된 망식을 소멸해 가는 작업을 의미합니다.

그래서 이런 과정을 통해 육신과 정신을 진화시켜 나가는 것이라 할 수 있습니다. 쉬고, 쉬고, 또 쉰다는 의미는 그냥 아무것도 하지 않고 휴식을 취한다는 의미가 아니라 망식의 번뇌를 멸한다는 의미, 즉 놓고, 놓고, 또 놓는다는 것은 번뇌(무의식의 망식과 업식까지도)를 쉬게 한다는 의미의 쉰다는 뜻이며, 그 도구가 곧 화두란 뜻입니다. 의식(화두)을 가지고 휴식에 들어가는 것이 진정한 휴식입니다.

여기서 또 하나 주의해야 할 사항은, 처음부터 결가부좌가 좋다거나 하여 억지로 몸을 너무 많이 구속하지 말라는 주의를 드리고 싶습니다. 왜냐하면 화두 정진은 화두에 몰입을 하는 것이 가장 중요한데, 괜히 몸을 너무 많이 구속하여 그 통증에 의식을 뺏겨버리면 화두의 집중이 불가능합니다. 이러한 수행법은 요가 수행법에서 육신의 고통을 이겨 나가면서 그 고통을 집중해서 관할 경우, 그 고통마저 항복받아 사라져버리고 극복될 때 마음의 번뇌도 극복된다는 수행법입니다. 화두법이 심心적 사상이라고 한다면, 요가는 신身적 사상으로서 수행의 목적 자체가 다르다고 할 수 있습니다.

화두를 들 때는 지금 좌복 위에 앉아 있는 자신만을 바라볼 뿐 그 외의 어떠한 생각도 단호히 떨쳐 번뇌를 단절시킨다는 결심을 세워야 합니다. 형체만 좌복 위에 있고 생각은 온통 딴 세상을 헤매고 있다면 이는 시간 낭비일 뿐입니다. 참선을 결의할 때는 참으로 단호한 결심을 결행하지 않는다면 그저 그런 정도의 결과밖에 얻을 수 없음을 명심해야 할 것입니다.

옛 선사님들의 화두 수행 일화를 보더라도 수마를 쫓기 위해 죽음을 각오하고 벼랑 끝에 앉아 혹시라도 졸면 떨어져 죽을 수도 있는 절대적 위험을 걸고 정진을 하기도 하고, 때로는 너무 번뇌가 많이 일어나 손가락을 태우는 연비를 감행하여 가면서까지 신심을 키우며 화두 타파에 일생을 거신 분도 많습니다. 이와 같이 화두 정진이란 간절하게 애를 쓰면 그만큼의 결과 또한 있다는 것을 되새겨야 합니다.

그 결과란 참으로 오묘해서 한 번만, 아니 단 몇 초만이라도 화두의 의정이나 나아가 의단을 경험하게 되면 영원히 잊지 못할 것이며, 그 다음에는 화두 수행을 하지 말라고 밀어내도 다시는 놓지 못하는 오묘함이 곧 부처님 법 안에 있음을 발견하게 될 것입니다.

화두와 망상의 소멸

그렇게 마음을 화두에 집중하는 동안 번뇌가 조금 조용해짐이 느껴질 때쯤이면 졸음이 몰려오기 시작하는데, 이 또한 업식에 의한 것이니 그럴수록 허리를 곧추세우고 정신을 가다듬도록 애써야 할 것입니다.

이렇게 우리의 마음이란 것은 현재의 생활 속에서 얻어지는 다양한 정보에 의해서도 복잡하게 얽히어 마음의 번뇌로 작용하고, 끝내는 업식에 내재되어 다음의 삶에 영향을 줄 뿐만 아니라 이미 과거 생으로부터 만들어져 내재된 업식에 의해서도 무수한 갈등을 겪게 됩니다.

아무튼 마음이 조용해질수록 전혀 생각지도 못했던 아주 어릴 적의 기억까지도 올라오면서 혼란은 가중되고, 화두는 어디 간 곳 없고 오직 그러한 옛 망상에 빠져 시간 가는 줄도 모를 때도 있습니다.

이러한 생각들을 통틀어 우리는 망상이라고 하는데, 이 망상은 본래 뿌리가 없습니다. 다만 우리가 세세생생에 지어온 업식으로서 습관적 허상일 뿐이라는 것입니다. 실제 우리가 사용하는 기억이란 것은 내가 필요할 때 필요에 의해서 꺼내 쓸 수 있는 정보인데, 이것은 또한 의식 안에 저장되어 있는 것이지 업식 망상과는 차이가 있습니다. 무의식에 잠재되어 있는 업식이 시도 때도 없이 생각에 혼재되어 올라와서 마음의 잡다한 생각을 만들어가는 것은 습관적 관성에 의해 생성되는 마음인 것입니다. 이러한 일체를 통틀어서 우리는 일체 망상이라고 합니다.

그렇다면 이러한 망상을 어떻게 줄여 나갈 것인가 하는 것이 화두 수행의 본질인데, 우선 화두 이외의 모든 생각은 망상으로서 무상無常한 허상으로 치부하고 밀어내는(부정) 것입니다. 즉 화두란 또렷한 의식으로 구름처럼 떠다니는 허상을 지워내는 것입니다. 바꾸어 말하면 아주 또렷한 햇볕으로 떠다니는 먹구름을 흩어지게 하는 원리, 즉 또렷한 화두에 자기의 순수의식을 집중하여 과거·현재의 잠재의식(망상) 혹은 망상을 점점 쬐어서 흩어지게 하는 것이 화두 수행의 본질입니다.

이렇게 화두를 지극히 하는 동안 처음에는 온통 망상만 존재하면서 조금만 조용해진다 싶으면 곧 잠에 떨어지거나 졸리는 상태가 되기가 십상인데, 이때가 참선을 시작하고 가장 극복하기 어려운 시기가 될 것입니다. 이 졸리는 현상도 역시 망상의 역할로서 정신 상태가 혼미해지는 것을 의미하므로 이것을 극복하지 못하면 망상(업)에 지배당하면서 살아가야 한다는 것입니다.

이러한 경계를 지극히 극복하면 조금씩 조금씩 화두를 챙기게 되는 때가 오는데, 이때는 화두와 망상이 혼재되어 존재하는 상태가 됩니다. 이럴 때일수록 더욱 지극히 화두를 챙기다 보면 점점 화두가 존재하는 시간이 늘어나게 됩니다. 좀 더 지극한 상태가 되면 화두를 챙기는 중에도 수시로 망상이 올라오는데, 이때 화두로써 망상을 지켜보고 '아, 이것이 망상이구나!'를 알아차릴 수 있는 상태가 오게 됩니다. 이때 망상을 따라가지 않고 화두로 망상을 더 지극히 주시하게(챙기게) 되면 어느덧 망상은 사라져 가는 것을 느낄 수 있게 되며, 이러한 상태가 되는 것이 참으로 진전된 상태라 할 수 있을 것입니다.

그런데 여기에서 또 대두되는 문제는, 그냥 일상적인 생활 번뇌나 망상은 쉽게 극복이 되거나 잠시 머물러 괴롭히다가 물러나게 되지만, 화두의 정성이 지극하여 깊어질수록 자신도 알지 못했던 깊은 곳의 마음의 상처나 심한 원망 등과 같이 마음 깊숙이 각인된 업식은 참으로 극복하기 어려운 상태가 되기도 한다는 것입니다. 심하면, 깊이 각인된 원한 같은 경우는 평생을 두고 씨름해야 하는 화두 참선자도 있습니다. 마치 비행기가 먹구름 속으로 들어가 앞을 볼 수가 없을 지경으로 들어가게 되는 경우와 같이 정진 중에 화두고 뭐고 다 도망가 버리고 이 상태를 이겨내지 못해 도태되는 경우도 있습니다. 이런 경우는 참으로 이를 악물고 이 난관을 벗어나야 큰 업식의 산을 하나 넘게 됩니다. 작고 큰 수많은 먹구름 흰 구름이 수없이 많이 지나가야 이 난관을 극복하게 됨을 의미합니다.

그래서 우리는 참선 수행을 하면서 여러 가지 망상과 씨름하는 과정에서 너무 많은 것을 깨닫게 됩니다. 자신이 어리석고 아무렇게나 살았던 그러한 업들이 또 다른 업의 연이 되어 마음을 괴롭히게 되고, 그로 인해 병을 얻게 되어 스스로 고통받음을 깨닫게 됩니다. 그래서 자신의 생활이 바뀌게 되고, 스스로 계율을 지키는 자가 되어갑니다.

진아와 망상

화두는 진아를 보러 가는 지팡이입니다. 어떻게 보면 의식을 가지고 망식을 보는 것이나 다름없습니다. 불교 사상 중 여래장 사상에서 "이 몸인즉 여래라." 한 것은 '이 몸이 여래를 감추고 있다.'라는 의미라 합니다. 이와 같이 이미 스스로 부처이며 여래인데 무엇을 더 볼 것인가? 그러나 감추어진 여래는 번뇌에 덮여 그 모습을 볼 수가 없습니다. 그러므로 그 번뇌를 벗겨내는 작업이 바로 화두 수행입니다. 그런데 위에서 말한 바와 같이 의식으로 망식을 지운다는 뜻은 우리가 보통의 생활 속에서도 충분히 할 수가 있습니다.

　그 이유는, 일상적인 생활을 영위할 때도 우리는 의식을 가지고 살아갑니다. 하지만 이 의식은 이미 내재된 잠재식과 현재의식이 혼동된 의식이란 것입니다. 이러한 혼동이 발생하므로 또렷한 순수의식으로 마음을 지배하지 않으면 마음은 항상 혼란에 빠지게 되어 혼재된 상태가 되므로 주의를 하지 않으면 안 됩니다. 이러한 현상은 예컨대 영상과 스크린의 관계로 설명할 수 있습니다. 영화관에서 영상을 연출하는 스크린이 있는데, 이 스크린에 비추는 영상은 실상이 아니라 과거생의 원인과 현생의 연으로 발생하고 있는 무상한 허상에 불과한 것입니다. 시간이 지나면 영화가 끝나는 것처럼, 생이 다하면 생의 희로애락도 일순간의 꿈처럼 끝나고 맙니다. 이처럼 허망한 한 편의 영화에 우리는 웃고 울며 이것을 진상으로 생각하고 거기에 동화되어 살아갑니다.

여기에서 우리의 진아를 스크린이라 한다면 무상無常한 영상은 망상에 불과합니다. 영화가 끝나고 영상이 없어지면 스크린이 남게 되는데 이 스크린은 영구불변하는 진아라 할 수 있으며, 영상이 비추고 있는 그 상태를 우리는 나라고 생각하고 살아가고 있는 것이라 보면 됩니다.

이때 화두 수행은 이 스크린과 영상이 다름을 일깨워 주고, 현재에 일어나고 있는 영상이 업식에 축적되지 않도록 하는 역할을 합니다. 화두 정진이 어느 정도 궤도에 오르면 스크린은 스크린대로 영상은 영상대로 분리되어 느껴지는 현상으로 나타나며, 영상에 대해서 집착하는 현상이 서서히 없어지면서 영상 속의 희로애락이 진상이 아님을 알아차리게 되어 그것에 집착하지 않음으로써 마음은 점점 편안해지고 평화를 유지하게 됨을 알게 된다는 것입니다. 이를 일러『금강경』에서는 일상생활을 영위할 때도 스스로 마음을 낼 뿐 집착하지 않는 마음, 머무르지 않는 마음을 내게 된다는 뜻으로 '응무소주應無所住 이생기심而生其心'이라 했습니다. 이것이 곧 평상심이니, 진리에 가까워짐으로 해서 여여한 마음이 나오게 됩니다.

덧붙여서 말씀드리고 싶은 것은 화두 정진 중에, 가령 주위의 잡음 혹은 거슬리는 어떤 소리나 생각 등과 마주칠 때 즉시 화두를 그 소리에 갖다 대십시오. 그 소리를 피하려 하지 말고 그 소리를 바로 직시하라는 것입니다. 설명을 부연하자면, 그 소리를 듣는 순간에 그 소리를 피하려고 하면 그 소리에 다른 마음이 또 일어납니다. 그것은 짜증을 낸다든가 그 소리에 끄달리면 그 소리는 분노 같은 또 다른 마음을 일으키게 하는 마구니가 되어버립니다.

그러나 소리가 들리는 방향이나 그 소리에 화두를 갖다 대고 직시하면 그 소리에 끌려들어 가지 않으니 서서히 사라집니다. 버스의 경적 소리가 난다 할지라도 그 소리를 듣는 의식에 화두를 갖다 대면 사라지게 되어 있습니다. 즉 그 소리가 식識에 축적되기 전에 공중분해가 되는 것이지요. 즉 한 점의 구름이 또 다른 큰 구름을 만나 엉키는 것을 사전에 화두로 녹여버린다는 아주 구체적인 예입니다. 이와 같이 화두 이외의 그 어떤 감촉이나 감각 소리가 집적集積이 되지 않도록 촉이 올라올 때 즉시즉시 그 의식에 화두를 바로 들이대면 그 소리와 감각은 사라져버립니다. 피하려 하지 마십시오. 심지어 일상 중에 화가 치밀거나 마음이 불편하거나 또는 너무 즐거울 때도 그 일어나는 마음을 화두를 갖다 대고 그 일어나는 마음을 관하십시오. 그것이 일상 속에서도 그렇게 하다 보면 나중에는 저절로 그런 화두관이 되기 시작하고, 지속적으로 하다 보면 한다는 생각 없이 저절로 일어나고, 의정도 함께 동반하도록 노력하다 보면 저절로 어묵동정 행주좌와가 일어납니다. 이것은 위빠사나에서 말하는 의식관 수행과 다름이 없습니다. 화두 수행은 위빠사나 수행이나 그 내용들을 이미 수용하고 있습니다. 다만 참선에서는 그렇게 명명하지 않았을 뿐입니다.

이와 같이 하는 동안 화두는 점점 왕성해지고 또렷해짐을 발견하게 되고, 이제는 서서히 화두와 망상이 동시에 현전하여 올라와 있다 하더라도 거기에 끄달리지 않으므로 화두가 항상 살아 있게 됩니다.

화두 수행 과정의 경계

화두 수행 중 일어나는 경계에 대하여 몇 가지 주의사항을 말하고자 합니다. 화두는 마음으로 지어 가는 공부입니다. 동시에 공덕입니다. 그런데 이 공부를 욕심내어서 마음의 평정을 잃는다거나 어떻게 무엇을 이루어 보겠다거나 신비를 체험해 보겠다거나 등 여러 가지 욕심을 낼 경우, 이미 화두 수행의 의미와 목적은 요원한 길이 될 수 있음을 유의해야 합니다.

화두란 세세생생에 만들어진 업식의 집적을 소멸하는, 즉 마음의 번뇌를 비워서 깨끗이 하여 맑히는 공부인데, 여기에 그 어떤 사심이 작용함은 이미 망상을 안고 수행함이니 시간만 낭비할 뿐이라 할 수 있습니다.

그리고 마음이 조금 조용한 상태가 되면 신비 체험 등에 빠져 삿된 생각을 할 수가 있습니다. 즉 삿된 경계가 일어나고 마치 꿈과 같은 영상 필름이 지나가거나 신비한 경계가 일어나게 되는데, 이때 모든 경계는 허상이므로 그 허상에 마음이 일어난다 함은 이미 화두가 없거나 희미하다는 것을 의미합니다. 그러므로 더욱 또렷

하게 화두를 챙겨야 할 것이며, 이러한 현상이 나타날 경우에는 선
지식이나 스승을 찾아가 상담을 하는 것이 바람직할 것입니다.

7. 화두의 의정과 인체 과학

화두의 의정과 의단이란?

앞에서 말한 바와 같이 화두란 역시 의식意識입니다.

의식으로써 망식을 진화시키는 것인데, 이러한 현상은 이렇게 표현할 수도 있을 것입니다. 이미 업이란 디스크에 녹음된 녹음을 지워 나가는 작업이기도 합니다. 이 화두는 가령 "이…… 무엇인고?"를 들었다고 한다면, 이……라고 이 나의 주인공은 무엇인가? 아니면 나는 어디로부터 왔을까? 하는 질문과 의문은 참으로 내가 원하고 찾으려고 하는 주체 혹은 주인공이고, 이 주체를 찾으려는 지극하고 간절한 마음이 있을 때 화두가 들리게 되는데, 이 화두를 든다고 하는 것이 그럼 어떠한 것인가 궁금하지 않을 수 없을 것입니다.

이 화두를 들었다, 든다 하는 것은 의문이 가득하고 간절해지면 의정이라고 하는 의심의 전율이 생기게 되고, 이것은 처음에는 온몸에 벌레가 기어가는 것처럼 피부가 간지럽거나 꾸물거리는 무엇인가가 몸 전체로 퍼져 나가거나 머리 부분까지도 가려운 현상이 나타나기도 하다가, 더 진전이 생기면 마치 우리가 무서운 밤길에서 머리가 쭈뼛쭈뼛해지는 것과 같이 몸 안에서 전율이 일어나게 되는 현상을 의정이라고 보면 되겠습니다. 그리고 이 의정이라는 전율이 온몸으로 퍼져나가는 현상이 나타나게 됩니다. 이를 바꾸어 말씀드리면 마치 조용한 호수에 화두라는 돌을 하나씩 하나씩 던지면 파문이 퍼져 나가듯이 우리의 몸에서 호수의 파문과 같은 전율이 일어나 퍼져 나가는 현상을 말합니다. 이 하나씩 던지는 돌멩이라는 화두가 하나씩 일어나다가 점점 발전을 하면 나중에는 호수에 떨어지는 빗방울의 파문처럼 온몸 전체 여기저기서 전율이 일어나기 시작합니다.

이 의정意情이 점점 발전하여 의단(意斷: 쉼 없이, 끊어짐 없이 일으켜 나가면 나중에는 큰 의단, 즉 호수에 큰 돌멩이를 풍덩 던지고 나면 큰 파문이 호수 전체로 퍼져 나가는 것과 같은 큰 전율 덩어리)이 일어나 온몸을 감싸는 현상이 발생하게 됨을 경험하게 되는데, 이런 경우 큰 환희심이 생기기도 합니다. 이때 경우에 따라서는 공을 체험하는 경우가 생기기도 하고 신비를 체험하기도 합니다. 이 경우는 도가(內丹)적 언어를 빌리자면 소주천이 일어나는 시점이 되는데, 이때가 진리 공부의 시작이라 할 수 있습니다. 이 환희심을 누르지 못하면 더 심오한 진리에 접근이 불가능해집니다. 그래서 깊은 공부를 지어 갈 때는 선지식, 즉 스승을 모시고 지어 가야 삿된 길에 빠지지 않고 심오한 진리에 접근할 수 있음을 선지식들은 지적해 오고 있습니다.

이와 같이 화두를 든다는 것은 위에서 말하는 것과 같이 그렇게 간단한 것만은 아니란 점 또한 알아야 할 것입니다. 어쩌면 평생을 선방을 전전한 수자라 할지라도 화두의 맛을 못 보는 경우도 있다는 것을 유념해야 합니다. 따라서 이러한 화두의 의정은 지극한 신심과 인욕, 그리고 간절함을 가지고 열심히 분발하고 애를 쓰지 않으면 어쩌면 요원한 것이기도 합니다. 하지만 조사 어르신들이 말씀하신 것처럼 단 몇 분의 부처님 명호를 불러도 공덕이라 했듯이 화두 공덕도 참으로 큰 것이니 이생에 다 이루지 못한다 하더라도, 그 애쓰는 신심과 인욕바라밀의 선업만 쌓아 간다 할지라도 다음 생의 좋은 과보를 예약하는 것과 마찬가지겠지요.

이렇게 화두의 의정이 항상 들리게 되면 온몸에는 항상 전율이 퍼져 나가게 되면서 가부좌를 하고 있는 다리나 허리에 오는 저림도 의정으로 인하여 편안해지게 되고, 점점 온몸에 기氣의 순환이 활발해지게 되므로 혈의 순환이 잘되어 몸에는 열이 나고 땀이 나게 됩니다. 그래서 이러한 현상은, 예컨대 달리기의 경우는 100미터 달리기를 하고 난 후 몸에서 호흡이 가빠지고 온몸에 땀이 나고 혈액순환이 일어나서 건강해지는 동動적인 순환 운동이라 한다면, 화두의 수행정진은 정靜적인 순환 운동이라고도 말할 수 있을 것입니다. 이제부터는 의식적으로 허리를 곧추세운다거나 애를 쓰지 않더라도 화두의 힘으로 회음과 백회와 단전이 하나가 되어, 마치 몸 안에 기 파이프를 세워둔 것처럼 저절로 곧추세워져서 온몸의 무게를 느끼지 못하게 되고, 육체에 중력을 느끼지 못하는 지경에 이르러 마음과 몸이 진정한 평화롭고 편안함을 유지하게 됩니다.

활구 참선과 사구 참선

위와 같은 화두가 의심이 생기고 의정이 활발해지면 편안해지는 경계가 오기 시작하는데, 이때 조심해야 할 점은, 화두 참구는 항상 의정이 살아 있어야 진전이 생기는데 이 의정이 활발히 일어나는 상태를 활구活句 참선이라고 하고 참구參句라고도 합니다. 반면에 화두를 하긴 하는데 조금 편안하다는 생각에 빠져 의정이 없이 조용한 곳에 머물러 편한 상태에 머물러 있는 경계를 일컬어 사구死句 참선이라 합니다. 사구 참선은 결코 큰 목적지에 도달할 수 없을 뿐만 아니라 참선의參禪義에도 맞지 않으며, 참으로 이익이 없는 시간 낭비가 될 수 있습니다. 참으로 의정이 활발한 참선을 하게 되면 오히려 몸이 피곤함을 느낄 수도 있습니다.

이 경우는 화두의 의정을 너무 강하게 들 경우 몸에 무리가 따른다는 의미도 될 수 있습니다. 옛 조사 선사님들의 화두 참구의 가르침을 보더라도 "고양이가 쥐를 쫓듯이", "생쥐가 상자를 갉아먹듯이", "어미 닭이 달걀을 품듯이" 지극히 정성 들여 화두 참구를 하라고 하였던 것처럼 강약을 조절해서 정성껏 참구해야 할 것입니다. 여기에서 혹시나 해서 한 가지 실제 예를 들어 보겠습니다. 어떤 경우에는 화두 의정도 없이 마냥 조용한 곳에 빠져서 2~3시간씩 좌복을 떠나지 않고 앉아 있다가 자리를 뜨려고 해도 저림이 있지도 않은데, 자기 의지대로 몸이 안 따라 주는 경우가 발생할 때는 이것은 매우 염려되는 경우입니다. 어떤 경우라도 화두 의정이 들리지 않고 오래 앉아 있을 경우엔 자기 의지가 아닌 타력에 의하여 조용해지는 경우도 있을 수 있으니 반드시 점검을 받아야 합니다. 그것은 화두의 힘이 아니라 타력에 의한 작용입니다. 또한 이 경우는 사구 참선과는 또 구별됩니다.

그리고 단기간 용맹심을 북돋우고 인욕심을 키우기 위해 눕지 않고 장좌불와를 하게 되는 경우도 있는데, 이는 단기간 정진에는 도움이 되겠지만 장기간 좌복에서 조는 습관을 들이게 되면 오히려 몸에 장애가 생겨 제대로 된 정진에 방해가 되고, 그야말로 정진에 도움이 안 된다는 것을 명심해야 합니다. 장좌불와란 화두 정진이 원만하게 일어나서 그야말로 선정에 다다를 근기가 되면 저절로 일어나는 것인데, 이것을 억지로 하다 보니 좌복에서 졸게 되고, 그 졸림 현상은 몸을 힘들게 하여 오히려 몸에 부작용이 일어남을 주의해야 합니다.

화두와 의정과 호흡의 삼합

이와 같이 화두가 현전하게 되면 우리의 인체는 많은 변화를 겪게 됩니다. 이때가 되면 화두와 의정과 호흡의 삼위일체 현상이 일어나는데 이런 상태를 삼합三合이라고도 합니다. 이 뜻은, 이 삼위일체가 이루어지는 상태가 되면 어느 것이 먼저라고 할 것 없이 호흡을 시작해도 의정이 일어나고, 의정이 먼저 일어나서 호흡을 끌어주고, 호흡이 화두를 이끌어 주기도 하고, 화두가 호흡과 의정이 서로 쇄교(鎖交: 쇠사슬 연결과 같은 현상을 말함)하면서 의정이 성성하게 일어나 온몸을 감싸서 화두 덩어리가 됨을 체험하게 될 때도 있으며, 참으로 행복한 상태를 느끼게 됩니다. 이러한 상태가 계속된다는 것은 행주좌와行住坐臥 어묵동정語默動靜의 정진을 할 수 있는 상태까지 화두 수행이 진전되어 가는 아주 좋은 현상이라고 생각하면 될 것 같습니다.

화두가 성성惺惺하다 함은, 마치 보리밭에 서릿발이 선 것과 같이 화두는 또렷하고 주변에서 나는 소리도 끊어져, 마치 물속에 들어 있는 것과 같이 울림만 있을 뿐 또렷한 소리도 사라져 고요하여 적적한 상태를 말합니다. 이때 화두 외의 다른 생각으로 헤아리려 하면, 즉 지각심知覺心을 내면 곧 화두가 흩어지고 맙니다. 어떠하든 이 의단이 터져 나가 일체 속에 하나를 이루어야 비로소 정각을 이루게 되고 바른 깨달음으로 들어가게 되겠으나, 이 또한 완전한 구경열반이 아니므로 절대 환희심을 내지 말고 꾸준히 끊임없이 나아가야 할 것입니다. 하물며 그것이 환히 터져 나갔다 하더라도 스스로 알게 될 터이니, 조용히 더 깊이 닦아야 할 것입니다. 그래서 이 공부가 끝이 없다고 했습니다.

하지만 여기서 또 경계해야 할 것은, 화두 정진은 오늘 잘되다가도 내일 전혀 화두를 찾을 수 없기도 하고, 잘될 때는 금방이라도 무엇이 이루어질 것 같다가도 캄캄해져서 화두를 잡으려고 노력해도 잡히질 않는 경우가 허다하게 일어나는데, 이러한 상태는 우리의 마음에서 비추어지는 업식의 현상입니다. 이것은 마치 맑은 태양이 비추다가 갑자기 구름이 끼는 것과 같습니다. 즉 하늘에는 항상 업식이란 구름이 떠 있다가 때가 되어 태양을 가리는 현상과 같으니, 화두가 잘될 때에나 안 될 때에도 환희심을 버리고 항상 마음가짐을 조심스럽게 하여 수행자다운 자세를 잃지 말아야 할 것입니다.

화두 참구의 방편법

위와 같은 화두 진전이 일어나면 우리의 마음은 맑아져서 몸도 마음도 편안한 상태가 되면서 우리 몸은 상당히 유연해지고 좌선 상태는 아주 편안한 상태가 되어 갑니다. 하지만 수행자의 몸이 맑아지면 맑아진 만큼 또한 수행자 각자의 업력에 따라 몸에 아픈 곳이 있거나 하면 그곳에 집중적으로 마음을 뺏기게 되므로 화두를 집중하는 데 큰 장애요인으로 나타나게 되는 점을 간과해서는 안 될 것입니다. 이럴 때는 하나의 방편법으로서 아픈 곳을 집중적으로 화두로 관하여 그 아픈 곳이 소멸될 때까지 비추어 주게 되면 아프던 곳이 사라지게 되는데, 이러한 경우 꾸준하게 참으로 지극히 해야 한다는 것도 잊지 말아야 합니다.

또는 화두의 의정이 너무 강하게 일어나는 경우엔 몸에 무리가 따르므로 화두의 강약 조절에 조심을 해야 할 것입니다. 이런 경우는 아주 특별한 경우로서 예외적인 경우일 수 있으므로 참고로 보아 주시면 될 것입니다.

의정과 인체와의 관계

수행정진이 깨달음에 이르게 되는 과정에 동반하여 우리 인체에는 변화가 필수적으로 일어나게 됩니다. 참선參禪은 가장 수승한 깨달음으로 가는 수행 방법이기도 하지만, 그 이전에 부산물로서 우리의 인체 건강과 상호 유관이 있음을 발견할 수 있습니다. 이러한 과정을 좀 더 과학적으로 살펴보도록 하겠습니다.

  우리의 몸은 외형적으로는 하나의 조립품으로 상상할 수 있습니다. 인체는 크게 뼈와 근육과 장기와 신경계로 구분될 수 있을 것입니다. 그렇다면 뼈는 하나의 조립품이고, 근육은 그 조립품을 지탱하게 하는 연결 줄인데 이 연결 줄을 움직이는 것이 바로 신경계이며, 이 신경계를 지배하는 것이 뇌이고, 이 뇌는 마음에서 일어나는 파장을 번역하고 안이비설신의에서 들어오는 현실의 지각을 종합하여 현재 생각이라는 현상으로 육신을 제어하고 통제합니다.
  이 마음에 일어나는 의식의 파장이 바로 화두이자 의정이라고 하면 적절한 비유가 될 것 같습니다. 또 이 신경계는 기경혈맥氣經血脈이라는 인체의 순환기를 제어하고 있습니다. 마치 기차 철로나 도로와 같은 체계를 통하여 인체에 필요한 산소 및 영양을 공급하는 루트가 됩니다. 그래서 기(氣: 기는 뇌[神]에서 받아들인 빛의 변환된 몸[身]적 에너지)에 장애가 생기면 경락이 원활하지 못하여 문이 닫히게 되고, 경락이 원활하지 못하면 세포에 영양공급이 제대로 되지 못하므로 세포가 쇠퇴하여 병이 생기는 원리입니다.
  그래서 한방에서 침술 혹은 대체의학으로서의 기氣 치료라는 원리가 이 경락을 자극해 주어 활성화시키는 역할을 하는 치료인데, 이 경락을 제어하는 중앙제어실이 뇌입니다. 뇌는 다른 말로 신神

입니다. 뇌는 곧 라디오의 전파를 받아들이는 동조코일과도 같은 역할을 하는 구조로서 백회를 통하여 우주의 빛과 유통하는 기관입니다. 그래서 신神이 맑지 못하면 기경혈맥이 어두워져 건강이 나빠진다는 원리입니다.

그러면 이 의정을 잘 관리하면 우리의 좌선 상태의 구조물은 하나의 화두 기둥이 형성되어 그동안 막혀 있던 경혈의 흐름을 열어주게 되고, 그 혈들이 원활하지 못하여 긴장되어 제대로 역할을 못하던 근육들을 잡고 있던 인대 구조물들을 모두 정상적으로 바로잡아 주는 역할을 하게 됩니다. 이 경우에는 의정의 주 기둥이 되는 등뼈가 우선 정상적으로 맞춤을 시작하게 될 때 저절로 뚝뚝 소리를 내면서 제자리를 찾아서 다시 맞춤을 하는 현상을 간혹 경험하게 됩니다. 그러면 그동안 불편하던 곳이 참으로 편안해지면서 몸의 상태가 아주 좋아지는 것을 경험하게 되며, 기혈 순환이 충만해지면서 우리 인체는 참으로 건강한 상태를 유지하게 되고 몸은 솜털과 같이 가벼워짐을 느낄 수 있게 됩니다. 또한 좌선 상태에서 허리를 곧추세운다거나 바로 앉는 자세를 갖출 때에도 인위적이거나 의식적으로 자세를 교정하고 긴장을 주지 않더라도 화두만 정성껏 챙기게 되면 몸은 화두의 주 기둥이 생겨 아주 편안한 상태로 저절로 조립되어 의식적으로 몸에 힘을 주어 긴장시키지 않아도 된다는 것입니다. 이처럼 화두를 열심히 정성껏 챙기다 보면 화두의 힘이 참으로 오묘한 경계도 경험하게 될 것입니다

다음은 내형적 인체 건강에 대하여 살펴보도록 하겠습니다.

우리 몸은 음식을 통해 영양분을 공급받고, 이것을 소화기관에서 소화시켜 장에서 흡수하여 신장에서 1차로 걸러지고, 2차로 간을 거쳐 심장으로 공급되어 허파에서 산소를 공급받아 온몸 전체로 순환하면서 각 기관과 세포에 전달되어 흡수되고, 또한 노폐물은 땀이나 호흡으로 배출되는 대략 이러한 구조의 순환계통으로 되어 있습니다.

그런데 병이란 순환기에 문제가 생기기 시작하여 체세포에 적당한 영양공급이 되지 않을 때 세포조직에 문제가 되거나 저항력이 떨어져서 결국은 병이 생기게 되는 이치인데, 그러면 이러한 순환기는 어떻게 돌아가는가를 살펴보겠습니다. 우선 인체는 정精(신장)·기氣(심장)·신神(뇌)이 인체의 중추 역할을 담당하는데, 이의 순환 경로는 기氣·경經·혈血·맥脈의 구조로 이루어집니다. 기는 경락經絡을 따라 흐르고, 혈은 맥을 따라 흐릅니다. 즉 경락은 기가 흐르는 길이며, 기는 맥을 활발하게 하고, 혈은 맥에 의하여 조정된다는 의미입니다. 그래서 한방 침술에서는 몸에 이상이 있으면 경락을 침으로 자극하여 맥을 활기 있게 하여 혈이 활발하게 흐르게 함으로써 인체의 자연 치유력을 높이고자 하는 것입니다.

따라서 우리가 선을 한다는 것은 마음을 집중하여 마음을 하나로 모아 주면 번뇌가 줄어들어 신神이 안정되고 신神이 맑아지면 심心이 안정됩니다. 이때 마음이 조용해지면 기가 장해지고, 기가 장해지면 정精이 맑아져서 몸이 건강해지고, 몸이 편안해지면 다시 신이 맑아지고, 신은 경락을 안정시켜 이완시킴으로써 우리의 마음이나 육체가 긴장을 풀고 편안한 상태가 됩니다. 이때 신이 경락을 이완시킴으로써 기가 원활해져 혈액순환이 활발해진다는 원리입니다. 동시에 심장의 박동이 안정되면 심화心火가 점점 줄어듭니다. 따라서 마음이 편안한 상태로 들어가면서 안정되게 됩니다.

이와 같이 번뇌를 줄이고 마음을 안정시키면 우리의 인체는 위와 같은 원리로서 순환기의 기능을 원활히 하여 몸은 아주 건강한 상태를 유지하게 되는 것입니다.

그렇다면 '운동을 많이 하면 선과 같은 효과를 얻을 수도 있지 않느냐?'라고 반문할 수도 있을 것입니다. 그래서 여기에서 동적 운동과 정적 운동은 어떠한 차이가 있는가를 살펴보도록 하겠습니다. 동적인 운동은 근육의 활동을 높여서 거기에 소모되는 에너지를 공급하기 위한 반사적인 인체 활동으로서, 호흡과 혈액순환을 빨리 하기 위해서 심장과 호흡의 활동을 많게 하여 순환시키는 강제 순환 방식이라 할 수 있습니다.

반면, 정적인 상태에서 순환기를 원활히 하는 것은 마음의 작용으로 마음의 안정을 통하여 기氣를 증장시키고, 신神이 안정되면 경락의 긴장이 이완되어 혈액순환이 원활해져 긴장되어 있는 말초신경까지 조정하여 경락이나 맥을 정상적으로 열어 주어 아주 끝단의 세포 활동을 건강하게 한다는 원리입니다. 하지만 동적인 운동이 전혀 도움이 안 된다는 것은 아니니, 이 운동은 인체 활동의 근력을 증대시키므로 또한 생활에 건강을 유지하게 합니다.

다음은 선의 효과에 대해 살펴보기로 하겠습니다. 위에서 이미 설명한 것과 같이 정적인 운동이 활발히 되어 참으로 조용한 상태가 되면 경락은 말초신경까지 완전히 이완되면서 모세혈관까지 열리어 모공이 열리고, 그러면 인체는 표피세포 스스로가 허파와 같이 공기와 접촉하여 산소를 받아들이게 됩니다. 이때 인체는 공과 일체감을 느끼게 되는데 이와 같은 현상으로 육체의 고통이 사라지게 되고, 아주 잠깐이라 할지라도 일심삼매의 상태에 들어가게 됨을 경험하게 됩니다. 이렇게 되면 인체는 산소를 표피에서 받아들이므로 순환기 활동을 극도로 줄이게 되고, 따라서 심장의 박동이 극도로 안정되어 평소의 삼분의 일 수준까지 떨어지면서 거의 인체가 생체순환을 할 정도까지만 유지하게 됩니다. 이때에 이르러는 호흡이 끊어진 듯한 느낌이 들 때도 있습니다. 그러나 호흡이 끊어진 것이 아니라 산소의 공급이 피부로 받아들여지므로 심장은 박동을 하고 있으나 산소의 공급이 충분하므로 인체는 잠시 호흡을 멈추는 듯 느껴지기도 합니다. 이때 피부가 산소를 받아들인다는 느낌은, 마치 피부에 바람이 스치듯 시원해지는 느낌과 같은 현상이 일어나기도 합니다.

여기에서 주의할 사항은 처음부터 완전한 상태의 경험이 아니라 할지라도 이것은 시작이며, 이러한 상태가 시간이 점점 길어질 수 있도록 계속해서 정진에 애를 써야 한다는 것입니다. 잠깐의 경험을 했다고 환희심을 일으키면 그것이 영원히 꿈으로 끝날 수도 있으므로 환희심을 내지 않도록 조심해야 할 것입니다. 이때가 되면 진리의 이치가 열리게 되며 경전이나 모든 도리가 열리어 가게 되는데, 스승이 계시면 반드시 점검을 받도록 하여 자신을 잘 관리해야 할 것입니다.

앞에서 지적한 바와 같이 우리는 도에 이르기 위해서는 반드시 육신을 뛰어넘어야 합니다. 그렇지 못한 각은 해오일 뿐이지 정각은 아닙니다. 각오란 증득이고 해탈로 가는 길입니다. 그러므로 참선자가 통증이 있고 아픈 곳이 있다면, 그것은 수행을 잘못하고 있다는 말과 같다는 것입니다. 다시 말하면 참선 수행을 잘하고 있다는 의미는 이미 있던 병도 나아지며, 첫째로 건강을 얻는다는 작은 의미도 되는 것입니다. 우리가 조그만 가시가 몸에 닿기만 해도 온몸은 그 한 점의 통증에 마음을 다 뺏기게 되듯이, 마음이 극도로 조용하여 집중된 상태로 가기 위해서는 육신에 어떠한 걸림이 있어서도 안 될 것입니다. 이와 같이 참선 정진이 깨달음으로 가는 길에 그 부산물로서 육신의 건강과 조복이 우선되어야 함을 기억해 둘 필요가 있습니다.

8. 참선과 공덕

깨달음이란?

먼저 『몽산법어』에 나오는 「휴휴암주좌선문休休庵主坐禪文」을 빌려 깨달음에 대해 표현해 보겠습니다.

夫坐禪者는 須達乎至善하야 當自惺惺이니 截斷思想하고 不落昏沈을 謂之坐요 在欲無欲하며 居塵離塵을 謂之禪이요

대저 좌선坐禪이라 함은 모름지기 지극한 선善을 통달하야 반드시 성성惺惺히 할지니, 사상思想을 절단해버리고 혼침에 떨어지지 아니함을 일컫되 좌坐이요, 욕欲에 처해 있으되 욕이 없으며, 진塵에 있으되 진을 여의는 것을 일컫되 선禪이요.

外不放入하며 內不放出을 謂之坐요 無着無依하야 常光現前이 謂之禪이요 外撼不動하며 中寂不搖가 謂之坐요 廻光返照하야 徹法根源을 謂之禪이라

밖에서 받아들이지 아니하며 안에서도 놓아 내지 아니하는 것을 일컬어 좌坐이요, 주착住着함도 없고 의지함이 없어 언제나 광명이 앞에 나타남이 선禪이요, 밖에서 흔들어도 움직이니 아니하며 속으로 고요하야 흔들리지 아니할 새 좌요, 광을 돌이켜 반조하야 법의 근원을 사무치는 것을 일컫되 선이라.

不爲逆順惱하며 不爲聲色轉을 謂之坐요 燭幽則明愈日月하고 化物則力勝乾坤을 爲之禪이요 於有差別境에 入無差別定이 謂之坐요 於無差別法에 示有差別智가 謂之禪이라

역逆한 경계와 순順한 경계에 뇌란惱亂치 아니하며, 성색聲色에 굴림이 되지 아니함을 일컬어 좌坐이요, 어두운 데 비추면 밝음이 일월日月보다 더하고, 만물을 교화敎化할지면 힘이 건곤乾坤에 능가함을 선禪이요. 차별 있는 경계에서 차별 없는 정定에 들어가는 것이 좌요. 차별 없는 법에서 차별 있는 지혜를 보이는 것이 선이라.

合而言之컨댄 熾然作用호대 正體如如하야 縱橫得妙하야 事事 無礙를 謂之坐禪이니라 略言如是커니와 詳擧홀진댄 非紙墨能 窮이니라

합해서 이를진댄 치연熾然히 작용하되 정체正體가 여여如如하야 종횡에 묘를 얻어서 일일에 걸림이 없음을 좌선坐禪이라 하느니라. 간략히 이르건대 이렇거니와, 자세히 이를진대 종이와 먹으로 능히 다 이르지 못하리라.

那伽大定은 無靜無動하며 眞如妙體는 不滅不生하야 視之
不見하며 廳之不聞하며 空而不空이며 有而非有라 大包無外하
고 細入無內하니 神通智慧와 光明壽量과 大機大用이 無盡無
窮하니

나가대정那伽大定은 정정靜도 없고 동동動도 없으며, 진여묘체眞如妙體
는 멸멸滅도 없고 생生도 없어, 보되 보지 못하며 듣되 듣지 못하며,
공空하되 공이 아니며, 유有로되 유도 아니라. 크기로는 밖(外)이
없이 둘러싸고, 가늚(細)에 들어서는 안(內)이 없으니 신통과 지혜와
광명과 수량과 대기大機와 대용大用이 무궁무진하니.

이와 같을 때가 정각正覺입니다! 만법에 통달하여 그 진상을 드
러낼 때입니다.

이것은 직관直觀에 의해서만 가능한데, 직관이란 것은 지혜智慧
이면서 수동적인 것이기도 합니다. 정진精進에 의하여 드러난 지혜,
즉 정각을 증오할 수 있을 때를 말하는 것입니다. 즉 오성悟性이 잘
정돈되어 이론적으로도 완벽할 때 비로소 정각을 증명하는 단계가
될 것입니다. 이와 같이 깨달음은 증오證悟와 해오解悟를 말할 수
있는데, 우리는 가끔 이 때문에 혼돈을 가져오기도 합니다.

다시 말해 증오란 실체적 증명, 즉 정각에 의해 열반涅槃을 구현
해 냈을 때를 말하는 것입니다. 이는 여래이며, 부처이며, 선각자입
니다.

반면에 해오란 정진 혹은 심혈을 기울여 경전이나 법문 공부를
해 나가다 보면 어느 날 문득 문리文理가 열리게 되어 저절로 진리

를 이해하게 되며 지혜가 열리게 됨을 말하는데, 물론 이 또한 대각大覺 혹은 증득證得은 아닐지라도 상당한 지혜, 즉 진리에 가까워짐을 의미합니다. 그러나 진리에 실체적 접근은 아니므로 마음의 상태가 온전한 평정심에 이르렀다고 볼 수 없을 것입니다(종이와 먹으로 능히 다 이르지 못하리라).

이제 이때에 이르러 높은 풍랑과 거친 파고와 같은 번뇌를 끊임없이 노를 저어 넘고 이기노라면 끝내는 고요하고 잔잔한 호수에 이르러 나아가던 배가 순풍을 만나게 되니, 잔잔히 이는 물결 위를 노를 거두어들인 돛단배처럼 화두엔 의심도 떨어지고 화두마저 떨어지게 됩니다. 노를 거두어들인다 한들 배는 돛을 단 듯 순풍에 나아가니, 이제는 부는 바람만 바라볼 뿐입니다. 오직 바람이 이는 방향을 바라보고 돛의 방향만 잡고 있어도 순풍에 이는 물결을 따라 돛배는 살랑이는 물 위를 나아가고 있음을 지켜보고만 있을 뿐입니다. 사방은 고요하고 있는 듯 없는 듯 이는 바람(마음)만 지켜보고 있노라면 지켜보는 그놈마저 사라지는 어느 날, 바다 속에 갇혔던 물병 속의 물이 혹! 하며 깨져버리며 바닷물과 섞이는 그날이 오기까지 돛을 올리고 바라볼 뿐입니다.

그러나 몇 번을 강조한다 한들 모자라지 않는 것은, 참선이든 경전 공부이든 선지가 있으신 스승을 모시고 경책을 받아가면서 공부를 지어 가지 않을 경우, 뜻밖의 경이로운 경험에 마치 그것이 깨달음인 양 환희심으로 들뜨게 되면 참으로 참된 공부의 길은 요원하게 될 수도 있습니다. 그러므로 이러한 경계에 이르게 되면 꼭 스승에게 점검받고 경책을 받아야 올바른 공부의 길로 나아갈 수 있다 하겠습니다. 또한 해오는 고와 번뇌의 멸진을 통하여 마음이 진정한 평화에 이르렀다고 볼 수 없으므로 계속하여 겸허하게 수행 정진에 힘써야 할 것입니다. 오로지 모든 게 사라지는 그날까지 매진하시기 바랍니다.

참선의 공덕

『금강경』의 '응무소주應無所住 이생기심而生其心'이라 함은 '응당히 머무는 바 없이 마음을 내라.'라는 의미인데, 그렇다면 그 말씀의 진정한 의미는 무엇을 뜻하는 것일까요?

이를 다르게 표현하자면 '도인은 스스로 계율인 자이며, 중생은 계율이 스며들게 하는 자이다. 지혜로운 자는 스스로 계율을 만드는 삶을 살며, 중생은 수행정진을 통하여 계율이 스며들게 하는 삶을 사는 사람이다.'라고 말하고 싶습니다.

물론 여기에서 『금강경』이 의미함은 마땅히 혹은 능히 어떠한 일을 할 때는 집착을 없애고 행동하고, 행동한 뒤에는 마음을 쓰지 말라고 하는 말일 것입니다. 그런데 중생의 마음이 어찌 이와 같겠습니까?

"내가 어찌했는데 당신이 그럴 수 있어!" 하는 식으로, 우리는 살아가면서 위와 같이 살려고 무던히 노력을 해보지만 이런 마음이 되기가 그리 쉽지가 않으므로 마음이 불편해지는 것입니다. 그러다가 조금 심해져 상대에 따라 자기가 한 만큼 그 대가는커녕 배신감마저 들 때는 그 분노가 하늘을 찌르고도 남아서 심지어 사람을

해하게 되는 사고까지 저질러 인생을 망치는 일까지 생기게 되는 경우도 종종 보게 됩니다.

그러면 어떻게 『금강경』과 같은 마음을 낼 수 있을까요?

첫 번째는 인욕바라밀을 성취하는 길입니다.

인욕바라밀, 계율행은 일어나는 마음을 인욕하며 행을 만들어 가는 것이며, 정진바라밀은 정진(선)을 통하여 육신의 마음을 정화하여 일어나는 마음의 망상을 극복하여 감으로써 소멸되게 하는 것입니다. 바꾸어 말하면 육신의 마음에서 갈등으로 인해 발생하는 화의 근원을 정화시킨다고 생각하면 이해가 쉬울 것 같습니다.

인욕이란 이미 일어났거나 일어난 마음을 인욕, 즉 참고 이겨내서 극복하는 것이지 지혜로 너그러이 이해되는 경지는 아닙니다.

이럴 때 부처님 말씀을 따라 노력하고 행하라는 것은 이성을 똑바로 챙겨 인욕바라밀을 열심히 실천하며 살아가는 것입니다. 즉 인욕바라밀의 행이라 할 수 있습니다. 이렇게 인욕바라밀을 자꾸자꾸 챙겨가는 동안 한 번에는 조금 힘이 들던 것이, 한 번 참고 또 한 번 더 참는 마음을 자꾸자꾸 행하여 가다 보면 어느새 이러한 습관이 생기게 되어서, 그 다음은 나도 모르게 그러한 일이 일어나도 마음은 서서히 평정을 찾게 되고, 결국에는 마음에게 항복 받아 평안을 유지하게 되는 것입니다.

그렇다면 '마음을 머무는 바 없이, 혹은 일으킨 바 없이 행하라.' 하는 뜻은 무엇일까요? 이 말의 뜻은 말로는 금방 이해가 가는 듯 하지만, 그 진정한 의미를 들여다보면 매우 깊은 뜻을 가지고 있음을 알 수 있습니다. 실제 체험을 통하지 않으면 참으로 이해하기 어려운 말씀일 수 있다는 것입니다.

　이것은 바로 참선의 공덕, 즉 정진바라밀을 성취하는 것입니다. 이 정진 공덕은 일체의 번뇌가 사라지면 마음 자체가 사라져버려 마음에 투영되는 모든 의식은 집착이 사라진 현재 진행으로 집적이 없으므로 마음에 머무는 바가 없어지고 마음은 항상 고요함을 유지하게 된다는 것인데, 다시 말하자면 상대적 평화가 아닌 절대적 평화, 어떠한 외부의 혼란(마음을 화나게 하는 요인들이나 집착)이 있다 할지라도 바이패스, 즉 바로 정화되어서 돌아 나갈 때는 자비하고 여여한 마음이 저절로 나오게 된다는 뜻이 됩니다. 이러한 것은 참고 생각하고 노력해서 되는 것이 아니라 육신의 구조 자체가 진화되었기 때문입니다. 이와 같이 참선의 공덕은 현재의 삶을 사는 데 큰 이익이 되기도 하지만 미래의 삶도 보장받을 수 있고, 나아가 해탈의 경지로 나아가게까지 하는 무량 공덕이 될 것입니다.

　하지만 중생의 삶에 일어나는 복잡 다양한 희로애락의 마음의 걸림이 어찌 잠깐의 수행정진으로 단번에 극복이 되겠습니까? 하지만 그 일어나는 걸린 마음들이 얼마나 정진에 애를 썼는가의 정도에 따라서는 분명히 현저한 삶의 행복이 될 것이라는 데는 믿어 의심치 않습니다. 또는 어떠한 마음의 걸림이 작용했다 할지라도 얼마나 오래 마음에 남아 머무르게 되는가의 정도가 바로 참선 정진의 척도가 되고, 그 개인의 마음의 정화 능력을 가늠할 수 있는 공덕이 됩니다. 이것이 곧 삶의 지혜이고, 이를 통해 행복으로 나아가는 실생활의 참선 공덕이 됨을 발견하게 될 것입니다.

9. 고집멸도苦集滅道

고성제: 고苦는 고苦의 발생을 바로 알고

집성제: 집集은 고苦의 집적集積을 바로 알아

멸성제: 멸滅은 고의 멸진滅盡 방법을 바로 알고

도성제: 도道는 도에 이르는 길을 바로 안다 함이다.

이 고집멸도는 부처님께서 최초에 깨달은 근본이 되는 진리의 발견입니다. 참선을 하는 가장 궁극적 근본이 되는 깨달음이라 할 수 있겠습니다.

그런데 이 말을 바로 이해하기란 그리 쉽지 않다는 것을 우리는 경험하였을 것이라 생각됩니다. 그리하여 고집멸도를 바로 이해하는 것이 무엇보다 중요한 것 같아 함께 생각해 보도록 하겠습니다.

첫째, '고를 바로 안다'란 것은 무엇일까요?

우리가 보통 나고 늙고 병들고 죽는다는 것은 모든 사람이 다 그렇게 나고 죽는 것이니, 관념적으로 인생은 나서 희로애락을 겪으며 살다가 죽는 것인데, 꼭 그것이 고苦라고 할 수 있겠느냐고 반문할 수도 있을 것입니다.

그렇습니다. 이것이 무명입니다. 고를 그러므로 바로 보지 못하는 것이 무명이라 말할 수 있고, 이러한 무명은 지혜가 아니란 뜻이기도 합니다. 예를 들어 태어날 때부터 고질적인 질병을 갖고 살아가는 사람은 건강한 사람의 행복을 진정으로 상상하기 힘들 것입니다. 다른 이야기로는, 애꾸눈만 가진 사람 동네에 두 눈을 가진 사람이 가면 두 눈을 가진 사람이 오히려 장애자로 보입니다. 이와 같이 애꾸눈은 두 눈의 편안함을 모르는 것이나 다름없다는 것이지요. 반면에 건강한 사람의 입장에서 바라본 선천적 장애는 참으로 고통스럽게 살아감을 바로 볼 수 있게 된다는 것입니다. 이와 같이 건강한 사람의 눈으로 바라본 장애의 고통을 바로 보는 것이 고를 바로 본다 함이며, 이것은 지혜의 견지에서 바로 알아야 한다는 뜻으로 정견正見이라고 합니다. 그러므로 우리가 살아가는 자체는 어머니의 고통을 빌려 태어나 울음을 터뜨리는 그 순간부터 고의 시작인 것입니다.

또 혹자는 고통과 슬픔이 있다면 기쁨과 즐거움이 있는 것도 인생이 아니겠느냐고 반문하실 것입니다. 하지만 그런 기쁨과 즐거움 또한 영원한 것도 아니며, 그 또한 결국 고통이란 것입니다. 이는 참으로 어려운 이해일 것입니다.

『잡아함경』(상응부 경전 22권, 51경) 「희진경喜盡經」(희진: 기쁠 희, 멸할 진. 기쁨이 다함, 기쁨을 없앰)에 "기뻐하는 마음을 없애면 마음이 기뻐하는 희를 탐하지 않음으로써 자유롭게 된다."라고 하며, 또

『잡아함경』(37권 1028경) 「질병경」에도 "즐거운 느낌을 느낄 그때도 그것을 즐거운 느낌이라고 인식하지 말라. 탐욕이란 번뇌의 부림을 받아 거기서 벗어날 방법을 알지 못한다."라고 하고 있습니다.

이와 같이 기쁨의 소멸 또한 고의 멸진과 같아, 이의 두 멸진은 여실지견에 이르게 되며 무심담담無心淡淡의 경지에 이르게 되어 평안을 얻게 됨을 말하는 것입니다.

좀 더 쉬운 예를 들어 부가설명을 하자면, 우리가 보통 큰 생각 없이 관념적으로 사용하고 있는 언어의 뜻을 잘 살펴보면 너무 기쁨이 넘쳤을 때 "가슴이 벅차다."라고 하고, 혹은 그 반대로 너무 슬퍼 어찌할 바를 모를 때는 "가슴이 멘다, 혹은 미어진다."라고 합니다.

이 두 언어에서도 나타나듯이 너무 슬퍼도, 너무 기뻐도 우리의 마음은 꽉 차므로 그것이 고통이 됩니다. 또 너무 기뻐도, 슬퍼도 눈물이 납니다. 이와 같이 고와 낙은 진정한 행복이 아닙니다. 왜냐하면 슬픔(고)의 고통은 더 이상의 슬픔(고)을 만들지 않으려 노력함으로써 극복할 수 있다고 한다면, 기쁨은 처음 느낀 기쁨에다 그 다음에는 그보다 훨씬 강도가 높은 기쁨이 아니면 행복하다는 느낌에 만족할 수 없으므로, 차츰차츰 그 또한 불만족에서 고통으로 변해가게 되어 있습니다. 가령 돈이 많아 아무 하는 일 없이도 잘 먹고 잘 입고 모자람 없이 사는 사람은 여기에 권태를 느끼게 되고, 나아가 여색을 찾게 되고 일반 여색에 만족을 못해 변태가 되고, 거기에도 싫증이 생기면 마약 등에 손을 대고 점점 망가져 가는 쪽으로 나아가게 되는 것이 희락의 욕망입니다.

이것은 인간의 본능적 욕구의 구조가 그렇게 되어 있기 때문입니다. 다시 한 번 설명하면, 중도를 벗어난 행복은 욕망의 굴레를 벗어나 있지 않기 때문에 만족이란 없다고 할 수 있습니다. 그러므로 이것이 곧 고라 말할 수 있습니다. 따라서 불교의 중도는 이 둘을 벗어나는 것이 진정한 행복이라는 진리를 설하고 있습니다. 이와 같이 고통을 고통으로서 바로 볼 수 있는 지혜를 고집멸도의 고에서 이야기하고 있는 것입니다.

둘째, '고의 집적을 바로 안다'라는 것은 무엇을 의미하는 걸까요?
이 문제는 고를 바로 알게 되는 지혜로 보면 같은 문제라고 보여집니다. 고의 집적이란 곧 태어나는 고통, 늙어가는 고통, 병드는 고통, 죽어가는 고통, 그리고 살아가는 동안의 수비고우뇌愁悲苦憂惱의 고통을 고의 집적(쌓임)이라 하는데, 이 또한 지혜가 없으면 관념적으로 살아갈 뿐 그 진정한 고의 집적을 보지 못합니다. 그래서 무명이라 함이니, 이를 바로 보는 지혜를 얻어야 할 것입니다.
여기에서 고의 집적의 원인을 바로 보아야 한다는 것이 핵심이며, 이의 원인을 바로 앎으로써 고를 멸하는 방편으로 나아간다는 뜻이 되겠습니다.
그럼 고의 집적의 원인은 무엇일까요?
무명無明으로 행行이 있고, 행이 있어 그것을 원인으로 식識이 발생하며, 식으로 인하여 명색名色이 있고, 명색으로 인하여 육입처六入處가 있음이요, 육입처가 있음을 원인으로 촉觸이 있고, 촉을 원인으로 수受가 발생하고, 수가 있어 애욕愛慾이 생기하고, 애욕으로 인하여 취取가 발생하고, 취로 인하여 유有(이때의 有란 욕계·색계의 존재를 말함)가 발생하며, 유로 인하여 생生이 생기며, 생으로 인하여 노병사老病死가 있으며, 수비고우뇌愁悲苦憂惱와 같이 고苦의 집적의 발생을 바로 안다 함이 바로 부처님이 발견한 12연기법의 생기법生起法과 생멸법입니다.

무명無明 – 행行 – 식識 – 명색名色 – 육입六入 – 촉觸 – 수受 – 애愛 – 취取 – 유有 – 생生 – 노사老死

상당히 어렵고 깊이 있는 이해입니다. 정견의 견지가 아니면 이 연기의 체계를 바로 이해하기란 그리 쉽지 않다는 것을 말씀드리고 싶습니다. 다시 말해서 무명을 왜 무명이라 했을까? 명의 반대이니까? 글쎄요? 그럼 명은 무엇입니까? 밝음? 그렇습니다. 이 또한 체득이 아니고서는 알기 어렵고, 문자로 이해하는 데는 한계가 있음을 안타깝게 생각합니다.

명明은 진리의 진아眞我입니다. 밝음 그 자체입니다. 즉 우주의 존재로 밝아 있습니다. 그러므로 진여 그 자체입니다. 그리하여 명明이 사라지고 무명이 된다는 것은 색色이 발생했다는 것입니다. 그러므로 순수한 명이 사라지므로 무명이라 했습니다. 다시 말하면 환幻의 공 상태인 것입니다. 또 환의 공이란 안개가 낀 상태의 공이란 뜻인데, 이 말뜻은 색이 발생하면 물의 성분인 습기가 발생하므로 환이라 했던 것입니다. 자, 그러면 무명에 의하여 행이 생긴다 함은 우주공간의 양자이론이 시작됨이지요. 좀 더 쉽게 이해하기 위해 과학적 논리로 간단하게 설명하려 합니다.

(이것은 학문적 접근에 의하여 공부한 지식이 아니라 필자가 어느 날 정진 중 선정에 들어 갑자기 성주괴공의 우주 현상이 지금까지의 사회적 지식들이 염주 알이 한 올 한 올 꿰어지듯 경전의 이치와 함께 접목되어 드러난 알아차림입니다. 이를 좀 더 쉽게 설명하기 위하여 이미 발표된 과학계의 빅뱅 논리를 인용하여 설명했습니다.)

빅뱅 이전의 우주공간에는 원소보다도 더 작은 쿼크(먼지와 같은 존재)가 존재했는데, 우주가 팽창하면서 쿼크와 쿼크가 결합하여 양성자와 중성자를 만들었고, 이것이 고온에 의하여 폭발하여 수소 핵 원자가 만들어지고 수소 핵융합 과정에서 헬륨 핵이 만들어져 우주를 채우고 있습니다. 이렇게 빅뱅으로 수소 핵융합이 일어나 태양이 생성되고, 태양의 핵융합으로 헬륨가스가 발생합니다. 헬륨가스란 불활성 가스로서 다른 원소와 결합하지 않으므로 전구의 필라멘트와 같이 태양이 존속하는 원리이며, 이 태양을 감싸는 오로라 주변에 헬륨가스가 에워싸고 번져 빅뱅과 함께 발생한 수소가 우주공간에 수소 90%, 헬륨 9%의 진공상태로 유지되고 있습니다. 이 수소 원자는 현대과학에서는 음전자의 성질을 띤 원소입니다.

그런데 우연의 일치로 지구가 생성할 때 산소와 약 90여 개의 원소들이 발생하였습니다. 이때 지구의 산소는 강한 양전자를 가진 원소입니다. 이 둘이 만나 결합을 하게 될 때 태양 에너지인 자외선이 중매를 합니다. 자외선이 촉매 역할을 함으로써 물 분자인 H_2O를 형성됩니다. 이렇게 에너지가 물질화하는 것을 불교에서는 색

色이라 하였고, 촉매 작용을 한 식識을 명(名: 칭하다)이라 하였습니다. 그리하여 명색名色이라 함은 이렇게 물 분자를 생성하게 됨으로써 생명의 원초를 제공하게 된 것을 말합니다. 그래서 명名은 정신세계의 식識이라 하고, 색色은 생生이 되며, 식識은 명命이 되는데 이를 생명의 발생이라 합니다. 또한 이 색이 환원하면, 수소와 산소가 분리될 때도 자외선 촉매에 의한 것이니, 이것을 무에서 유가 나오고 유에서 무로 돌아가는 연기와 해탈 사상인 것이 이 모두 식識에 의한 작용인 것이라 했던 것이며, 또는 오묘함이라고도 하여 과학이 없던 시대에 이러한 현상을 진공묘유眞空妙有라 표현했던 것입니다.

여기에서 진공묘유의 이해를 돕기 위해 한 번 더 설명을 드리면, 우주공간의 진공인 상태에서의 수소 원자 상태는 비물질입니다. 즉 수소든 산소든 모든 원소는 비물질입니다. 다시 말하면 존재하되 현상하지 않는, 무한한 것이지만 현상으로 드러나지 않는 에너지인 것입니다. 그러나 우주에 가득한 이 수소 원자들이 산소라는 양전자를 만나 결합하는 순간 물 분자를 생성하며, 이 순간부터 물질화하는 것입니다. 이렇게 변화할 때 촉매 역할을 하는 것이 태양 에너지, 즉 자외선입니다. 자외선은 이 두 음전자와 양전자에게 스파크를 일으켜 합성시킵니다. 그리하여 에너지가 물질화하며, 그것에 의하여 다시 그 자외선은 물 분자에 의하여 온도가 발생하므로 모든 생명체 발생의 근원을 제공하게 됩니다. 그리하여 과학이 없던 시절에 진공에서 묘한 작용에 의하여 물질적 요소가 발생하므로 유라 하였으며, 또한 그 역작용의 환원을 해탈이라 하였습니다.

그리고 행이란 것은 음양 전자의 움직임이고, 이것의 결합에 촉매 작용을 한 자외선은 식識의 작용으로 정신세계를 구성하는 신神, 즉 빛이 됩니다.

그래서 진공에서(無) 질료적 요소인 수소와 산소, 정신적 요소인 자외선 이 두 작용이 결합하여 H_2O 분자를 생성하여 색계色界(無名)를(『원각경』에서는 환幻이라 함) 이루게 되는데, 이 색계에서 다시 빛이 발생하게 되고 그 빛은 온도를 유발하여 생명을 발생하게 되니 곧 명색名色이 됩니다. 이와 같이 생명의 탄생을 연기법으로 증명한 샤카모니 부처님께서 과학이 없던 시대에 이러한 진리를 발견하셨다는 것은 신비라고밖엔 표현할 수 없을 것입니다.

위와 같이 유有(生)로 인한 노병사老病死가 발생하고, 수비고우뇌愁悲苦憂惱, 즉 근심·슬픔·괴로움·걱정·번뇌를 쌓아가니 이것이 고의 집적이라 합니다.

셋째, '고의 멸진을 바로 본다' 함은 무엇을 말함일까요?

이는 고의 집적의 원인을 바로 알면 고의 멸진의 길, 즉 방편을 바로 알아 고를 멸하므로 지혜의 길로 나아감을 의미합니다. 그럼 이 방편은 무엇을 말할까요? 고의 발생을 알고 고의 집적을 알아 고의 멸진의 방편을 알진대, 이는 곧 무명을 타파하는 것이므로 무명의 원인을 타파하는 것이라 합니다. 12연기의 멸진법으로서는 즉 색으로 인한 고의 발생의 원인이라 한다면 생의 원인이 되는 유를 멸함이요, 유는 애로 인함이니 애를 멸함이요……. 이와 같이 식을 멸함으로 행을 멸하고, 행을 멸함으로 무명으로부터 벗어나 대 지혜를 얻게 됨이니, 이를 12연기법의 멸진법이라 합니다.

노사老死 - 생生 - 유有 - 취取 - 애愛 - 수受 - 촉觸 - 육입六入 - 명색名色 - 식識 - 행行 - 무명無明

위와 같이 부처님께서는 고의 근본적인 근원을 바로 보고 그것에서 벗어나는 방편법까지 제시하신 것입니다. 그러나 현시대에는 그게 그렇게 간단한 문제는 아니라 생각됩니다. 그렇다 하더라도 고의 원인을 바로 알고 그것을 벗어나는 방법을 알면 그나마 예방과 치료가 어느 정도는 가능하리라 생각됩니다. 모든 고는 집착에서부터 시작합니다. 이미 물질적 요소가 시작될 때 음양의 결합에서 시작입니다. 이것을 고苦라 하고 집착의 시작이라 하였습니다. 아담과 이브의 원초적 죄는 금지된 열매를 취하는 데서 비롯되었듯이 모든 원죄, 즉 고통은 집착의 요소입니다. 따라서 집착을 덜어내는 삶을 살아 나아가는 것이 그 원초적 원인을 멸하는 행이며, 이런 행을 사는 것이 불교적 삶을 사는 것이라 봅니다.

다음으로 넷째, '고의 멸진을 바로 알아 도에 이른다'란 무엇을 말함일까요?
이것은 고의 멸진, 즉 방편으로서 팔성도八聖道 혹은 팔정도八正道를 말함이라고 합니다. 팔정도를 수행함으로써 고의 멸진을 바로 알아 도에 이르는 방편을 바로 안다는 뜻입니다. 팔정도는 정견, 정사, 정정진(정방편), 정어, 정업, 정명, 정념, 정정이라 합니다. 팔정도는 곧 대승불교의 3학의 근간이며, 계(정어, 정업, 정명)·정(정념, 정정)·혜(정견, 정사, 정정진)를 닦는 불교의 가장 핵심적인 가르침이라 할 수 있습니다.(『중아함』58권, 「법락비구니경」)

그렇다면 계·정·혜를 어떻게 닦을 것인가에 대하여 같이 생각해 보기로 하겠습니다. 계戒는 인간의 생활 규범, 즉 신身(살생, 사음, 투도)·구口(망어, 기어, 양설, 악구)·의意(탐애, 진애, 치암) 삼업으로 10계戒를 행함으로 몸과 마음이 단정해지고 마음이 정定에 들어가게 되며, 정定은 계율의 생활이 단정해지면 신념이 생기고 마음의 안정을 얻게 되어 선정으로 나아가게 되며, 혜慧는 선정에서 얻어지며 정견이 생기고 바른 생각과 바른 방편이 생기게 되니 지혜에 속합니다. 그렇다면 이와 같은 지혜를 어떻게 닦아 갈 것인가를 좀 더 깊이 있게 연구해 보도록 하겠습니다.

10. 지식知識과 지혜智慧의 고찰

우리가 지금 살아가는 문명사회는 대중정보가 넘쳐나고 있습니다. 따라서 살아가면서 배워서 아는 것은 많은데 안 만큼 행동하지 못하고 살아가는 것이 참으로 안타깝다는 생각을 가끔 하게 됩니다. 그래서 오늘 우리는 학문적 지식과 실천적 지혜에 대한 뜻을 좀 더 깊이 헤아려 보고자 합니다.

그래서 먼저 저는 문자가 내포하고 있는 뜻을 바로 이해하는 것이 중요하다고 생각합니다. 그 이유는 우리의 문자는 한문에서 유래되었는데 그 한문은 상형문자로서 그 문자 자체가 이미 많은 뜻을 내포하고 있습니다. 그 문자의 뜻과 깊이를 바로 이해하고 실천할 수만 있다면 깨달음의 경지가 아니라 할 수 없습니다.

먼저 지식知識은 알 '지知'에, 알 '식識'입니다.

이 문자를 해석하면, 지식에서 '지知'는 배워서(學) 알아진(知) 것을, '식識'은 말씀 '언言'과 소리 '음音'과 창 '과戈'로 이루어져 있습니다. 즉 말과 소리의 정보를 저장한다는 뜻으로서의 식입니다. 따라서 지식은 '배워서 알아진 정보를 저장하다.'라고 해석할 수 있습니다. 이와 같이 인식된 지식 정보는 의식意識으로서 행行으로 나타나게 되는데, 이때 이미 내재되어 잠재된 식(識: 무의식, 업業, 습習)과 갈등 관계를 겪게 됩니다.

이 뜻은, 잠재된 무의식은 이미 '업業'으로서 '습習'화되어 있어서 아주 또렷한 의식이 아닌 이상은 잠재된 습의 관성을 압도할 수 없다고 할 수 있습니다.

예를 들자면, 자동차 운전을 할 때 매일 가던 길은 별도의 의식을 두지 않아도 이미 입력된 정보에 의해서(습관·관성에 의한 무의식) 목적지를 향해 잘 가게 됩니다. 그런데 같은 방향을 가다 중간쯤 다른 지점에 볼일이 있어 들렀다 가야 할 일이 생겼을 경우, 이 점을 운전 중에 항상 의식하지 않는다면 그냥 지나치게 된다는 것을 우리는 자주 경험하게 됩니다.

이러한 간단한 경험에 비추어 보더라도 우리가 '배움(學)'으로 얻어진 정보가 현재 행동으로 발현되기 위해서는 항상 의식意識을 맑히고 또렷이 해야 되는데, 만약에 이미 내재된 무의식의 식(識: 업 혹은 습)이 아주 강하게 각인되어 있다면 이는 아주 쉽지 않을 것입니다. 그래서 우리는 아무리 지식이 많은 지성인이라 할지라도 항상 우리의 의식을 또렷이 하지 않으면 과거 생에 쌓아 놓은 업, 혹은 현생에 이미 습관화되어 있는 무의식 등의 지배를 받아 살아가게 됩니다. 업이란 습과 관성에 의해서 행동으로 나타나게 되는데, 이것을 과거 식識의 인因이라 한다면 그와 상응하는 연緣은 반드시 인과에 따라 유유상종類類相從하는 연으로 등장하게 된다 할 수 있습니다.

  그러므로 이는 운명적인 삶이라 할 수 있을 것이며, 인과응보라
할 수 있습니다. 그렇다면 만약 이 업식이 좋지 않은 습으로 내재되
어 있다면 이생에서 새로운 지식 정보와 항상 갈등 관계를 형성하
게 됩니다. 이런 마음의 상태를 관하고 극복하여 과거의 내재된 업,
습관, 관성, 무의식을 바꾸어 살아가는 힘을 수행정진이라 할 수 있
습니다.

  이와 같이 학學에 의해 습득한 지식(知識: 새로운 정보)을 반복적
행行으로 옮겨 그것을 습習으로, 즉 업業으로 새롭게 하는 삶을 교
학적으로 수행이라 할 수 있을 것입니다. 이 수행의 공덕은 참으로
또렷한 의식으로 자기 자신을 잘 관리하는 공덕의 행(功德行)을 쌓
아 올려야 됩니다.

  또 하나의 예를 들자면, 현대의 학교 교육은 문명사회를 살아가
는 기능적 기술 교육에 너무 치우쳐 있다는 것입니다. 그나마 그래
도 과거의 교육은 초등학교 시절에 국어든 사회든 한 교과과목이
끝나면 반드시 익힘이란 문제를 제시했습니다.

  그래서 배운 것을 다시 익혀서 학습하도록 하여 반드시 배운 것
을 자기 것이 되도록 한 것입니다. 이처럼 배우면 반드시 습이 되
어야 합니다. 그런데 요즈음 공부라는 것은 어떤가 하면, 잔뜩 배운
것은 많아 지식은 충만하지만 그것을 행동으로 옮기는 일에는 많
이 게으른 것 같습니다.

  이와 더불어 인간답게 사는 방법을 배우는 기회는 점점 사라져

감을 안타깝게 생각하지 않을 수 없습니다. 또한 과거 전통사회에서는 종교적 윤리를 사회교육 혹은 국가를 운영하는 규범으로 여겼을 때는 물질적인 면에서는 조금 힘들었지만 그래도 마음의 질적 행복감은 높았습니다. 물론 여기에 양면성은 있다 할 수는 있습니다. 그렇다고 물질문명 사회가 반드시 배척해야 할 가치는 결코 아닐 것입니다.

그래서 물질문명과 정신문명의 그 어떤 가치도 불가분의 관계인 것으로서 존중되고 키워 나가야 할 것입니다. 이러한 측면에서 교학적 소양을 갖추고, 그 지식은 반드시 행동 지침이 되어 사회적으로나 개인적으로 윤리적 기반을 만드는 문화가 되어 질 높은 문명 사회로 나아가는 밑받침이 되어야 할 것입니다. 이렇게 배운 지식을 참으로 행함으로써 개인의 내재된 업력은 서서히 그 습(업)을 바꾸어 가고, 그래서 개인의 운명도 바꾸며 살고, 끝내는 지혜로 나아가 참으로 이익이 되는 인생을 살 수 있을 것이라 생각됩니다. 우리는 이 경우를 두고 '타고난 운명을 바꾸어 살 수 있다.'라고 할 수 있습니다. 하지만 그렇지 못할 경우에는 '운명에 지배당한다.'라고 볼 수 있을 것입니다.

따라서 지혜智慧의 뜻을 살펴보면, 지혜 지智는 알 '지知'에 날 '일日'의 조합 문자입니다. 이 뜻은 '태양을 알아지다'란 뜻으로 볼 수 있는데, 이것이 곧 우주적 뜻을 내포한 '명明'입니다. 즉 깨달아서 밝아지다. 혹은 스스로 밝아서 알아지다 등이라 할 수 있습니다.

전통 밀교사상에서 '대일여래大日如來'는 본존불本尊佛인 비로자나불을 뜻합니다. 불교에서도 태양은 곧 우주이며, 태양은 열반입니다. 이 뜻은, 대반야의 열반의 근본을 알게 됨을 의미하는 뜻으로서의 지혜 지智입니다. 또는 기독교적인 신앙은 하나님(우주에 하나밖에 없는 님으로서의 의인화된 님인 하나님, 곧 태양인 것이며), 이슬람교의 알라는 태양신을 의미합니다. 여기에서 불교적 열반, 즉 불교가 추구하는 해탈 사상도 결국은 모든 우주만물은 열반으로부터 와서 열반으로 돌아가므로(萬法歸一) 결국은 윤회를 벗어난다는 사상으로 해탈 사상인 것입니다.(열반에 대한 풀이는 차후 별도로 하도록 하겠습니다.) 따라서 '지'란 지혜 지로서의 깨달음이라는 뜻이 됩니다.

그 다음의 혜慧는 쓸어낼 '혜彗'에 마음 '심心'의 합성어입니다. 마음을 쓸어낸다, 즉 마음을 깨끗하게 하다, 마음을 맑힌다는 뜻으로 통할 수 있을 것입니다. 이는 곧 마음을 맑히고 깨끗이 하면 우주의 근본이 드러나 대광명지를 알게 된다는 의미로서의 지혜智慧입니다. 위와 같이 이미 과거·현재의 내습內習된 업력業力을 단번에 타파하고, 지혜를 열어 무명을 타파하는 것이 깨달음입니다.

그렇다면 이 지혜를 어떻게 열어갈 것인가 하는 것인데, 그것이 바로 선禪입니다. 즉 선이란 볼 '시示'에 하나 '단單'의 합성어입니다. 하나를 보다, 만나다란 뜻은 곧 관觀하다, 혹은 하나를 관하다란 뜻입니다. 결국은 마음을 일심一心으로 관觀하여 마음을 깨끗하고 조용하게 유지함으로써, 또 요동치는 마음 또는 잡념으로 혼란한 마음을 한곳으로 집중하게 함으로써 마음은 점점 조용하고 깨끗하게 유지되므로 세상에 이치가 드러나 통하게 됩니다.

이와 같은 이치를 다른 말로 표현하자면, 바람이 일어 물결이 일

렁거리는 호수 위에 비친 달은 또렷하지 못하나, 바람이 조용하여 물결이 고요한 호수 위에 드리운 달의 모습은 너무도 또렷하고 밝습니다. 이와 같이 마음이란 호수에 비친 달과 같아 마음이 조용해지면 우주의 이치가 다 여기에 드러나게 되는 것이 깨달음이며, 이 조용하고 맑고 깨끗한 마음에서 나오는 행은 곧 자비慈悲한 행이며 이것이 곧 선善입니다.

따라서 이러한 수행을 통해서 자비한 마음을 얻어서 행하는 행은 두말할 나위 없이 인생을 행복하게 하겠지만, 사람은 저마다의 타고난 근기와 격이 다르므로 저마다 수행의 방편을 달리할 수밖에 없습니다. 역설적으로, 사람에 따라서는 우선 먼저 선행을 꾸준히 행하는 수행을 하면서 그 선행을 반복해서 행하는 동안에 자기도 모르는 사이에 그 선행의 습이 서서히 바로 바른 업으로 바뀌게 되면 나중에는 그 선행을 행하고 있다는 생각마저도 느끼지 못하고 행할 수 있게 되며, 그 결과로 그 선업은 다시 인과로 잉태되게 되어 결국은 이생에서든 아니면 다음 생에서든 삶의 운명을 바꾸어 살아가게 되는 원인을 만들어 인연을 만들어 가게 되는 것입니다.

그리하여 결코 봉사란 남을 위하는 것이 아니라 나를 위함인 동시에 곧 남도 이롭게 하는 삶이라 하여 자리이타행自利利他行이라 하며, 이는 곧 나와 남을, 우리 이웃을, 이 사회를, 함께 이 세상을 따뜻하고 행복이 가득한 사회로 만들어 가게 되는 것입니다.

이것이 지식과 지혜의 의미를 수행의 덕목과 비교하여 되새겨 본 것으로, 이로써 이 글을 접하는 보람이 되었으면 하는 마음으로 기도 올립니다.

11. 복福과 덕德의 고찰

공즉시색空即是色 색즉시공色即是空

공은 색이고 색이 곧 공이라?
물질은 곧 공과 같고
공 또한 물질이라?

묘한 이치군요?
왜 물질을 색이라 했을까? 색은 왜 또 즉 공이라 했을까?
진리는 많은 말과 설명이 필요 없습니다. 순간의 발견으로 하나를 이룬다 했습니다.

이해를 돕기 위하여 과학적으로 접근해 보기로 하겠습니다.
위에서 말씀드린 바와 같이 『묘법연화경』에 진공묘유란, 과학이 없던 시대에 발견한 오묘한 진리를 더 이상 표현하기가 어려워서 무한이 존재하지만 현존하지 않는 그 무엇에서 유가 나온다는 진리의 발견을 언급한 표현입니다. 즉 무無에서 유有가 나오고 유에서 무로 돌아간다는 말입니다.

이는 비물질에서 물질이 나오고 물질에서 비물질로 환원되는 과정이라고 할 수 있습니다. 과학에서 원자(원소)는 비물질입니다. 원소와 원소의 결합으로 분자를 이루는 단계가 비로소 물질화하는 단계입니다. 이 과정은 반드시 팩터(Factor, 촉매)가 작용해야만 합니다. 이 팩터란 전자를 합하게 하거나 분리하게 하는 힘. 즉 음전(-)과 양전(+)을 결합하거나 환원하게 하는 힘입니다. 그러나 과학이 없던 시절엔 불교에서 말하는 진공 속에 존재하나 현상하지 않는 유, 즉 원소(원소 상태에서는 비물질임)가 물질화하는 현상, 혹은 물질로서의, 혹은 생명으로서의 성품, 즉 질료적 요소인 재료인 것입니다. 이 비물질인 상태가 물질화하는 상태를 과학으로 설명하지 못하던 시대에 부처님은 이를 진공眞空 묘유妙有라 표현했던 것입니다. 또 하나는 정신적 요소인 이것이 태양으로부터 발생하는 빛이 되기 이전 진공상태의 자외선인 것입니다. 이것을 공은 모두 합쳐서 생명으로서의 성품이라 합니다. 즉 생명을 만들 수 있는 재료인 것입니다. 그리하여 공과 색이 둘이 아닌 이치인 것입니다.

이러한 현상을 인도의 샹키야 철학에서는 삼각관계에 있는 남녀의 사랑과 짝사랑에 비유하였습니다. 그 비유에서 집착(물질화)과 알아차림(환원)을 표현하여 설명하려 애썼다는 것을 알 수 있습니다. 그러나 완벽한 설명은 아니었다 하더라도 그것이 그 시대 그 깨달음을 증명할 수 있는 가장 가까운 설명이었을 것이라는 짐작이 갑니다.

태양이 연소하여 소멸하지 않고 영구히 존재할 수 있는 근거는 이미 앞에서 말씀드린 우주에 충진된 헬륨이란 불활성 가스입니다. 마치 전구 안에 진공상태의 필라멘트가 타버리지 않고 존재하며 빛을 발할 수 있는 원리와 같습니다. 이와 같이 태양의 빛이 밝고 높은 온도라 할지라도 진공에서는 온도가 전달될 수 없고 빛의 생성이 없어 어둡습니다. 그래서 『천자문』에서도 하늘 천天, 땅 지地, 검을 현玄, 누를 황黃(하늘은 검고 땅은 누렇다)이라고 했습니다. 그리고 우주에 충진된 수소가 지구에서 발생한 산소와 결합되는 과정이(H_2+O+Factor) 분자의 생성이고 물질의 시작됩니다. 이것이 다시 환원하는 원리도 역시 같습니다. 즉 물질과 비물질의 생성과 환원의 원리에 햇볕(진공상태에서는 햇볕이라 할 수 없고 자외선이다)이 작용합니다. 그러나 이것은 당시의 깨달음으로는 이렇게밖엔 표현할 수 없었습니다. 이를 진공에서 일어나는 불가사의라 하여 진공묘유로밖에 설명할 수 없었던 것입니다.

이러한 모든 물질의 발생이 집착에서부터의 시작입니다. 이것이 곧 명에서 무명으로의 시작입니다. 여기서부터는 좀 고차적인 이해가 필요합니다. 다시 말씀드리면, 명明과 무명無明이란 밝음과 어둠이 아니라 명은 그야말로 순수한 진공을 말하며, 무명이란 안개가 낀 명, 즉 환幻입니다. 즉 색의 발생 시점이 무명, 즉 환(『원각경』)의 세계의 시작입니다.

그러면 어째서 색이라 하였는가?

H_2O의 생성은 빛의 발생입니다. 이 빛은 대기권에서는 난반사에

의한 가시광선이(프리즘을 통한 빛이 시야에 의한 분석에 의하면 빨·주·노·초·파·남·보, 색의 발생) 발생하고, 빛에 의한 온도가 발생하므로 생명 발생이 시작됩니다. 이것이 기독교에서 설명하려 하는 의인화된 하나님, 혹은 신의 창조라고 보아도 적절한 표현이 될 것이라 생각됩니다.

불교에서도 이러한 과정을 '색은 곧 물질의 발생이다.'라고 표현하고 있다고 보아야 할 것입니다. 『아함경』에서 설하고 있는 명에 행(집착)이 발생하므로 무명이 되고, 무명에 의하여 수가 발생, 수에 의하여 취가 발생, 취에 의하여 생이 발생, 생에 의해 노·병·사가 발생된다는 연기설에서도 명에서 무명으로 떨어짐과 무명에서 명으로 떨어짐을 일러 진공묘유가 발생한다 하였습니다. 이러한 진공묘유를 설명함에 적절한 표현이 없어 과학적 이론을 빙자하여 설명한 것입니다. 이는 완벽한 설명은 아니라 할지라도 그 체계에 대한 이해에는 어느 정도 근접할 수 있을 것이라 생각합니다. 이와 같이 색이 곧 공으로부터 오고, 공은 곧 색과 같다고 하는 그 사이에 진공묘유의 실제 작용을 설명하려 하였음을 가늠해 주시면 좋을 것 같습니다.

이와 같이 일체一切가 연기이고 만법귀일萬法歸一이다. 그래서 무상無常하다고 합니다! 즉 항상恒常하지 않으므로 무상이라 합니다.

여기에서 무無란 없는 것이 아니라 무한한 것입니다. 허무주의가 아닙니다. 인간의 육안으로 느껴지고 안 느껴지는 차이일 뿐이지, 늘지도 줄지도 깨끗하지도 더럽지도 아니한, 있는 것도 아니고 없는 것도 아닙니다. 그래서 이해만으로는 불가능합니다.

종교는 신앙信仰입니다. 믿음을 전제해야 합니다. 형이상학적 세계를 몇몇 사람의 깨달음으로 증명하거나 이해시키기에는 한계가 있습니다. 그래서 불교는 스스로 깨달아 이치에 도달하게끔 하는 깨달음의 종교인 것입니다.

인간의 삶은 언제나 고난이고. 이미 생生은 고苦의 전제입니다. 그래서 구원을 청함에 복福을 구원합니다. 그리고 그 구원하는 복은 반드시 이루어지기도 합니다. 이것이 법(法: 우주의 에너지 순환 원칙)입니다. 그러나 그것 또한 반대급부가(우주의 존재 원리가 음양의 원리이다) 반드시 수반하게 됨을 알아야 합니다. 얼마나 간절하게 했느냐의 정도에 따라 그 양과 질이 달라지고, 그것 또한 보이기도 보이지 않기도 하며 방향도 없습니다. 그렇다고 없는 것이 아니며, 다만 인간이 느끼지 못할 뿐이란 것입니다. 그래서 감사할 줄 모르고 살 때 그 복은 다시 고갈되고 맙니다.

따라서 복福이란 어원을 살펴보면 볼 시(示: 보게 된다, 나타난다)에 하나 일(一: 하늘의 표현), 입 구口, 밭 전田으로 구성되어 있습니다. 즉 복이란 '하늘이 밭에서 나는 곡식으로 먹고 살게 해준다.'라는 의미의 물질적 에너지가 곧 복입니다. 그러면 이 복은 어떤 경과로 얻게 되는가? 반드시 덕이란 그릇만큼 담기게 된다는 원리입니다. 위에서 말씀드린 "색과 공이 다르지 않고, 늘지도 줄지도 않는다."라고 하는 『심경心經』과 다르지 않습니다. 즉 정신적 에너지와 물질적 에너지의 순환이고, 그 순환의 원칙은 음양의 원칙, 혹은 상대성 연기에 의한 순환의 원칙에 의해 나타났다 없어졌다를 반복하며 살아갑니다.

그렇다면 덕德의 어원을 살펴보면 행行 변에 열 십十, 넉 사四, 한 일一, 마음 심心으로 구성된 뜻글입니다. 동서사방 시방세계 온 누리에 하늘과 같은 마음, 즉 선善을 행行하는 것, 즉 마음(정신적) 에너지입니다. 이는 복을 담는 그릇이 됩니다.

내가 지어 놓은 것은 베풀고(보시) 선행한 만큼 반드시 되받는다는 이치입니다. 거꾸로 보면 악행 또한 이와 다르지 않습니다. 그런데 사람들은 덕을 행함엔 인색하면서 복만을 구합니다. 욕심이지요. 그렇습니다. 복덕은 누가 주는 것이 아니라 스스로 만들고 가져갑니다. 그러므로 지은 만큼은 반드시 받는 것입니다. 그렇다고 무조건 달라고 애원만 한다고 주어지는 것 또한 아닙니다. 그러나 그 간절함이 지극할 땐 받기도 하고 주어지기도 합니다. 그 이치는 빈 통장에 대출을 받는 것과 같이 반드시 갚아야 합니다. 그것이 바로 그 이치를 깨달아 바로 알고 감사한 마음을 내어 하늘의 에너지를 받아들여 자만하지 말고 되돌리는 삶입니다. 그렇게 사는 것이 덕을 베푸는 삶, 즉 선행으로써 그 감사함을 공덕행功德行으로 되돌리는 삶일 것입니다.

예를 들어 보시의 개념도 이러한 원리의 마음, 즉 물질적 공덕의 에너지입니다. 열심히 일해서 돈을 벌었다고 하면 그것은 이미 내가 지어 놓았던 복을 받은 것입니다. 복이 없다면 아무리 노력해도 그것이 내 것이 되지 않습니다. 또 내 것이 되었다 한들 그것은 곧 다른 이유로 써버리게 되거나 다른 경로를 통해 어떻게든 나가게 (망함) 되는 원리입니다. 그래서 내가 노력해서 내 것이 되었다 한들 그것이 모두 내 것이 아니라는 결론입니다.

　그래서 꼭 알아야 두어야 할 것은, 악착같이 노력을 해서 구한 것이든 우연히 얻게 된 복이든 간에 정말 제 복에 온 것은 감사한 마음으로 다음 복의 그릇을 만들며 살아야 그 복이 끝남이 없고, 인과가 없어 뭔가 부족해서 기도에 의해 잠시 대출 받아 얻게 된 복福이라면 그 감사함을 알고 부지런히 원금을 갚아 가는 심정으로 꼬박꼬박 감사한 마음을 내고 살아간다면, 후순위이긴 하지만 그것 또한 내 복이긴 합니다. 이렇게 삶의 이치를 알고 살아간다면 결코 인생에 낭떠러지는 없을 텐데, 인간이 무지하여 고통을 자초하게 되는 것입니다.

　그리고 그 또한 한 번 지었다고 영원한 것이 아니며, 또 한량이 없는 것도 아닙니다. 만든 만큼만 받는 것입니다. 그리고 어떻게 살았느냐에 따라 그 복이 다할 때쯤이면 수십 길 낭떠러지도 또한 기다립니다.

　그러므로 '모든 것은 복이 있을 때 덕을 행하여 또 다른 복을 만들며 살아야 한다.'란 이치가 진리인 것입니다. 이것이 복과 덕의 순환이고, 물질과 비물질의 끊임없는 순환이며, 우주의 음양의 순환인 것입니다. 내 곁에서 이와 같은 원리로 일상이 일어나고 있습니다. 또 계속해서 덕행 혹은 수행을 통한 공덕행을 쌓아야 그 복이 고갈이 안 됩니다. 한 번 통장에 저축을 했다고 마냥 꺼내 쓰기만 하면 금방 고갈되고 맙니다. 이와 같이 늘상 우리는 살아가면서 덕을 쌓아야 합니다. 이 덕이란 마음으로 짓는 일이니 선행이 되고, 선행은 물질로 하든 마음으로 하든 지극히만 하면 됩니다. 즉 기도 생활이든 정진이든 봉사든 보시든 이와 같은 삶을 말하고, 또 어떤 일이든 대충하면 대충한 만큼밖엔 되돌리지 못합니다. 그러므로 어떤 삶이든 항상 간절한 마음으로 지극히 살아가야 합니다. 그러면 반드시 복은 도래할 수 있습니다. 이러한 순환의 원칙을 제대로 알아 우리의 생활이 참으로 이익이 되기를 바라는 마음에서 이 글을 써서 복福과 덕德의 가치를 함께 새기고자 하였습니다.

현재 나의 모습을 보면 과거의 나를 알 수 있고,
미래의 나를 알려거든 지금 내가 어떻게 살고 있는가를 거울로 삼으라!

제악막작諸惡莫作 중선봉행衆善奉行
자정기의自淨其意 시제불교是諸佛敎
모든 악 짓지 말고 뭇 선 받들어 행하며
스스로 그 뜻을 깨끗이 하는 것, 이것이 모든 부처님들의 가르침이다.
(초기 경전 결집에서 아난존자가 한 말)

12. 회향 발원

소백산에서 재가로

소백산에 안거하는 동안 나름 마음의 여유도 생겼고 경전 공부의
체계도 어느 정도 정립되었고, 그렇다면 삶은 어찌해야 하는가? 왜
수행하여야 하고 왜 깨달아야 하는가?에 대한 질문이 되뇌어졌습
니다. 그렇습니다. 재가인은 이미 중생의 삶 속에 접해 있습니다.
옛말에 "인간이 못 되면 중이 되고, 수행 후에 인간이 되면 다시 중
생의 삶으로 돌아간다."란 속담이 전해오는 것처럼 제정신이 돌아
오니 삶 속에서 알아진 만큼 행하며 사는 것이 바른 수행이 아닌가
생각되었습니다.

알고도 행하지 못하면 안 바가 없다 하듯, 무엇인가 해야 하지만
그 길이 보이지 않았습니다. 재가의 삶이란 어찌하든 돈이 필요합
니다. 그래서 뭔가 법을 펼 수 있는 삶을 살기 위해서는 장소가 필
요하고 거처가 필요하였습니다. 이 또한 인연이 있으면 뭔가는 길
이 있을 것이란 마음에 부처님 법에 의지하고 역시 재가 정진을 이

어가며 원을 세웠습니다. 그런데 정말로 뜻하지 않은 곳에서 손을 내밀었습니다. 과거 가출 이전에 제가 하던 전문기술직(화력, 가스 터빈 발전소 자동제어 설비 시운전) 갑의 회사에 계시던 분이 해외 프로젝트 시운전 취업 제안을 해온 것입니다. 전혀 기대하지 않던 일이라 뜻밖의 소식에 반갑긴 하였으나 과연 현업을 떠난 지 15여 년의 공백 동안 설비들도 많이 업그레이드 됐을 것이란 생각이 들었습니다. 그래서 선뜻 대답이 나오지 않았으나 과거에 지어 놓은 해외 경험들이 분명 도움이 될 것이란 믿음으로 추진이 되었고, 추천하신 분의 적극적인 지원으로 고목나무에 꽃이 피듯 새로운 도전에 또 집중하였습니다.

그러나 설비 기술들이 만만하지 않게 업그레이드되어 또 공부하지 않으면 안 되었고, 개인 시간을 아껴가며 새 기술에 도전하여 적응하였습니다.

참으로 기이한 일들은, 본디 발전설비란 광범위하고, 더군다나 제어 분야는 시운전 시 총괄 프로세스에 박식하지 않으면 사이사이에 일어나는 문제를 해결해 나가는 데 어려움이 많아 문제가 발생할 때면 날밤을 새는 경우가 허다하게 일어나, 권위와 책임이 따르는 업무이기도 하기에 일반적인 업무보다 긴장도가 높은 업무입니다. 그러나 이상하게도 문제가 발생해도 마치 미리 알고 있었던 것처럼 전혀 다른 분야의 경우를 끌어들여 아이디어들이 샘솟아 문제가 원만하게 해결되는 경우가 허다하게 일어났습니다. 그러다 보니 주변에서 오히려 능력을 과대평가하여 인정받는 경우가 생기게 되고, 남들이 몇 년씩 해결하지 못했던 고질적인 문제들도 조금만 몰입하면 마치 알고 있었던 일처럼 해결되었습니다. 그러다 보니 취업의 폭이 넓어져 4년여 가까이를 여축을 하게 되었고, 지금은 횡성의 치악산 끝자락에 인연 터를 마련하였고, 부처님 법 안에 시절인연을 기다리며 정진하고 있으며, 세상에 나아갈 준비를 하며 이 글을 정리하고 있습니다.

길은 멀리 있고

사유수思惟樹

갈 길은 멀고
걸터앉은 고갯길엔
달빛만 밝았구나!

흰 서리 무명초는
청풍명월淸風明月에 반짝이고
우묵배미 갈던 쟁기
뒤뜰에 매여 있고
누렁이 고뚜레가
되새김을 하는구나!

3년 전엔 황소 팔고
2년 전엔 쟁기 팔아

바다 건너 떠돌다가
한 생각 간절하여
사유수思惟樹를 찾는구나!
남해를 지나며……

쿠웨이트, 나이지리아 해외 취업을 하는 동안, 중동지역인 쿠웨
이트는 날씨가 뜨겁고 생활하기가 조금은 어렵지만 그렇더라도 업
무상 실내 일이 많은 관계로 오히려 에어컨 때문에 방한복을 걸쳐
야 하는 일이 많았습니다. 외국에 머물지라도 휴가차 3개월마다 15
일씩 국내에 머물면 산사 정진을 가거나 시민선원을 전전하였고,
언제 어디서든 업무 중에도 책상머리에든 시간이 날 때마다 짬짬
이 한 생각만 돌리면 화두는 살아 있기에, 큰 진전은 아닐지라도 현
상 유지는 이어갈 수가 있었습니다. 나이지리아는 연평균 27도이
지만 적도에 위치해 상승기류가 형성되므로 습도가 없고, 비가 멈
추면 쾌청한 날씨여서 오히려 한국보다 기후가 더 좋아보였습니
다. 안전 문제로 외출은 자유롭지 않았으나 국내 주한미군부대 캠
프 같은 호텔 경내에 테니스장·수영장·레스토랑·헬스클럽 등이
있었고, 심지어 수·토·일요일은 나이트클럽이 오픈될 정도로 경내
를 작은 도시처럼 꾸며 놓았습니다. 또 외부인들의 출입을 검색 통
제하고 생활에는 지장이 없었던 곳이어서 오히려 시간이 많아 정
진을 병행하기가 좋았던 곳이기도 했습니다.
　그렇게 2년 반이 지난 뒤, 잠시 공백이 있어 국내에 들어와 쉬는
사이에 남해에 있는 개인 사찰 토굴에 하안거 결제를 들어가 용맹

정진을 하는 동안 너무 새로운 경계를 경험하게 되었습니다. 그동안 이생에는 넘지 못할 벽으로 여겼던 제 육신의 대퇴부 골반에 깊은 못이 박혀 있는 것 같은 장애가 마치 실타래처럼 풀려나가기 시작하였습니다. 그러면서 거기서부터 시작된 뿌리가 오른쪽 반신 전체에 퍼져 있던 경혈이 풀려나가듯, 마치 막혔던 도랑물이 흐르듯 꾸르륵꾸르륵 소리를 내며 풀려나갈 때는 근육에 바르르 떨림까지 생겨남을 감지하였습니다.

이런 현상이 생기기 시작하면서 그것이 점점 온몸으로 퍼져나가기 시작했고, 몸 전체의 여기저기에 그런 현상이 생겨났습니다. 그 후부터 결가부좌가 점점 편해지기 시작하여 좌복에서 3~4시간이 지나가는 것이 어렵지 않았고, 심지어 7~8시간을 넘나들 수 있는 진전이 생기기 시작하였습니다. 이제 큰 산을 하나 넘었는가 했더니, 또 다른 문제가 생기기 시작했습니다. 그 대퇴부의 결함으로 일어났던 경혈 막힘이 척추 오른쪽 근육을 긴장시켜 척추 3~4번부터 척추 측만증이 일어났고, 그런 현상이 있었다는 사실도 모른 채 살았는데 이때에 이르러 허리에 통증이 생기기 시작하여 검사한 결과 발견이 되었고, 이제는 그 척추도 모두 화두로써 교정할 정도에 이르도록 진전을 이룰 수 있었습니다.

제가 수행정진의 글을 쓰면서 참선 이야기는 하지 않고 무슨 병 고치는 이야기를 쓰는가? 하고 다른 시선으로 보시는 분들이 계시겠지만, 깨달음으로 가는 참선이 이렇듯 육신의 한 점 티끌에 끌린다고 해도 그것은 마음이 육신에 끄달려 남아 있다는 말과 같은 의미가 되므로 육신을 넘어서지 못한 정각은 없다는 것입니다. 그냥 일반적으로 살아가는 데는 큰 문제가 없습니다. 그러나 도의 문턱에서는 넘지 않으면 안 되는 치명적인 문제이기도 합니다.

더욱 기이한 현상은, 제 나름은 참으로 오로지 참선의 화두 정진만으로 경전에 문리가 열리고 성주괴공成住壞空이 열리어 우주의 본질과 성품이 열리었으나, 육신의 타고난 장애의 벽이 높으니 이쯤이면 이생에 공부 인연은 다 아닌가 싶었고, 그냥 재가의 삶이나 충실하자, 어디 공부했다고 드러낼 만한 것도 없고 드러내 보았자 요즘은 워낙 경전에 밝아 출가든 재가든 학문 도인이 얼마나 많은가? 그 속에 제 소리를 내놓아 봤자 특별한 것이 없지 않겠는가? 다만 정각만이 스스로 드러내려 하지 않아도 드러날 수밖에 없는 경지이니 이러한 증득이 아니고서는 재가인으로서의 한계가 있음을 인지하고 현재의 삶에 충실하면서 시절 연이나 닦아야겠다는 생각에 머물러 있었습니다.

그런데 이때에 이르러 과거·현재 큰스님들(중국 역대 조사로부터 성철 큰스님, 숭산 큰스님, 진제 큰스님 등)의 오도송이 보이기 시작하고, 또 다른 차원의 경계가 일어나고 있음을 직감하였습니다. 그래서 진제 큰스님의 친견을 위하여 해운정사 재가선원에 동안거 방부를 들이고 안거에 들어갔습니다. 스님의 법문에 선문답을 접하니, 그 자리에서는 바로 들리지 않았으나 좌복에 앉으면 선문답이 풀려나가기 시작하였습니다. 안거 해제 무렵엔 점점 또렷해지기 시작하여 큰스님 친견을 청해 삼배를 올리고 머리를 조아리며 "지난 여름 남해를 지나다가 조그만 재가선원에서 하안거를 지났는데, 어느 날 갑자기 좌선 중에 큰스님께서 항상 법문에 오르실 때

법상에서 주장자를 두 번 내리치시면서 앗! 하고 주장자를 가로 들어 올리신 후 내려놓으시는 모습에서 진여의 도리가 화들짝 들어왔습니다."라고 말씀드렸습니다. "그래 무슨 도리인고?"라고 하시기에 "예, 큰스님께서는 매번 법상에 오르시어 빛과 소리가 나오는 진여의 도리를 설하셨습니다! 그런데도 그것을 알아차리지 못했습니다."라고 말씀드리니 "어디서 왔는고?" 하셨고, "온 곳도 없고 갈 곳도 없습니다."라고 즉답을 드리자 다시 "중국 왕궁에서 잃어버린 황금보검은 찾았는가?"란 질문과 함께 "엄지손가락으로 바닥을 가리킨 이 도리는 무엇인고?"라고 즉문하셨고, 그 자리에선 답을 못하고 돌아 나오려고 문고리를 잡고 신을 신고 있었는데 문득 답이 올라왔습니다. 바로 들어가 "일미진중함시방입니다."라고 말씀을 올리니, 답이 그래 늦게 나와 가지고는 안 되니 더욱 애를 쓰라는 말씀을 하셨습니다. 돌아 나와 생각해 보았습니다. 본 자리에 완전히 들어가 있는 마음 상태라면 선문이 나오는 문과 답이 나오는 문이 같아서 그 자리에서 질문과 답이 이미 나오는데 왜 머뭇거릴 시간이 필요하겠는가? 이것이 이심전심인 것입니다. 즉 문즉답이 머뭇거림 없이 나와야 하는 자리인 것입니다. 그렇습니다. 선문답이란 머뭇거리거나 좌복에 앉아 요리조리 따져서 답을 얻는 것은 본 마음 자리를 못 얻었다는 이야기와 다름없는 것입니다. 이번엔 이것을 또 그 자리에서 돌아 나와 알아차렸습니다. 제 나름의 점검을 마치고 다시 다 내려놓아 버렸습니다. 그냥 있는 그대로 꾸준히 지어 나가는 길밖엔 없다는 결론을 내리고…….

13. 돈오돈수와 돈오점수의 고찰

산을 오를 때 그 높이에 따라 보이는 경관이 달라 보이듯, 수행의 깊이 깊이마다 깨달음의 속성이 나타나게 됩니다. 처음 발견에서 이생에 더 이상의 진전은 없을 것 같았던 희망도 시절 연을 기다리는 심정으로 덩어리 바위를 깨듯, 빙산을 녹여 내리듯 지켜보며 그 끈을 놓지 않고 지어 오던 화두 끈으로 드디어 육신의 벽이 허물어지기 시작하였습니다.

앞에서 언급한 『수심결』의

"마치 어린애가 갓 태어났을 때 모든 감관이 갖추어 있음은 어른과 조금도 다르지 않지만, 그 힘이 아직 충실하지 못하기 때문에 얼마 동안의 세월을 지낸 뒤에야 비로소 사람 구실을 하는 것과 같다."

라는 구절처럼 필자의 경우 지혜가 열리긴 하였지만,

"마음 밖에서 부처를 찾아 이리저리 헤매다가 선지식의 가르침을 받고 바른 길에 들어 한 생각에 문득 마음의 빛을 돌이켜 자기 본성을 본다. 이 성품의 바탕에는 본래부터 번뇌 없는 지혜가 저절로 갖추어져 있어 모든 부처님과 조금도 다르지 않다. 이것을 돈오라 한다. 본성이 부처와 다름이 없음을 깨닫기는 했지만, 끝없이 익혀온 버릇(濕氣)은 갑자기 없애기는 어렵다. 그러므로 깨달음을 의지해 닦고 차츰 익혀서 공이 이루어지고 성인의 모태 母胎 기르기를 오래하면 성聖을 이루게 되니, 이를 점수라 한다."

와 같이 업의 소멸을 이루어 빛을 보긴 하였으나, 위의 습기란 이미 업기에 의하여 갖추어진 육신의 거푸집 같은 결함을 회복하고 그 습을 닦아(여기에서 꼈이란 色의 空, 즉 육신을 의미합니다) 일체의 공에 들어감으로 정각에 이른다는 뜻입니다. 그러므로 점수에 이른다는 의미입니다.

이와 같이 시중에는 돈오돈수이니 돈오점수이니 하며 가보지도 않은 곳을 더듬어 증명하려 하다 보니 책 한 권을 다 써도 모자라지만, 단 몇 줄의 해명만으로도 충분하게 됩니다.

14. 불교의 윤회 사상과 과학적 이해

불교의 윤회 사상은 연기 사상에 기인한 것이라 할 수 있을 것입니다. 그렇다면 윤회의 유전은 어떻게 이루어지며, 윤회의 씨앗이 되는 아뢰야식은 어디로 가는가? 우리는 이 문제를 추상적으로만 생각하고 있을 뿐 그 궁금증은 더해질 뿐입니다.

　여기에서 조금이라도 그 가능성을 따라가기 위해 추론을 전개해 보기로 하겠습니다. 이를 살펴보기 위해서는 대승불교의 사상을 살펴보지 않을 수가 없을 것입니다. 불멸후 기원전 1세기경 원시불교는 계법 사상에 따라 교단이 분리되면서 20여 부파불교의 전성기를 맞이했습니다. 이 과정에서 부파불교에 항거하는 새로운 불교운동이 일어난 것이 대승불교 운동이었고, 이후 대승불교는 그 나름의 사상을 전개하게 되는데, 중관 사상과 유식 사상이 대승불교의 대표적 사상이라 할 수 있을 것입니다. 이러한 사상을 바탕으로 대승불교는 13세기경까지 중흥기를 맞이하게 되며, 이때 설파된 불교사상 체계는 현대 불교사상의 맥을 이어가고 있다고 할 수 있을 것입니다. 따라서 다음에서 대승불교사상의 전개와 그 특성을 간략히 살펴보도록 하겠습니다.

아비달마 사상

대승 사상은 아비달마 사상을 딛고 일어선 사상이므로 이 부분을 간략히 짚어보는 것이 다음의 사상 전개를 이해하기 쉬울 것으로 생각되기에 잠깐 짚어보도록 하겠습니다. 아비달마 사상의 핵심은 존재의 분석이라 할 수 있을 것입니다. 먼저 존재를 구성하는 존재의 요소를 정신과 물질세계 5가지로 분류하였는데, 색법·심왕·심소유·심불상응행·무위법이 그것입니다. 존재의 법을 물질(색), 다음 그것에 대립하는 마음(심왕), 다음은 마음과 대응하는 심소, 마음과 대응하지 않는 심불상응행, 이 4가지는 유위법이므로 이와 대응하는 무위법을 들고 있습니다. 이 사상은 물론 인간을 중심으로 분류한 것들입니다. 즉 안·이·비·설·신 5감각과, 이것을 인식하는 마음 작용으로서 6식을 말합니다. 이것의 작용에 의하여 악인악과惡因惡果 선인선과善因善果라는 자업자득의 업감業感연기론으로 윤회한다는 사상입니다.

중관 사상

이 중관 사상은 무상개공의 공관이 용수의 공사상으로 주창되었으며, 대승 교학의 기조 사상으로서 대승 사상으로 체계를 갖추었다고 할 수 있습니다. 이 사상은 '현상계의 모든 사물은 서로 다르지만 그 진리의 본체는 동일하고, 하나이면서 다르고 다르면서 하나이며, 영원히 다르거나 같다.'라고 하며 집착을 부정합니다. 불거불래라 하여 윤회란 본체성은 오고 가는 것이 아니며, 임시로 나타났다 없어지는 현상에 집착함을 타파한 사상이라 할 수 있습니다. 무에서 유가 나오는 것이 아니라, 본래 있는 것인데 형태가 변해서 현상하는 것이라 보았습니다. 그래서 유는 공을 포함하며 공은 유를 포함한다라는 사상입니다.

유식 사상

아비달마 사상을 보완해서 나타난 사상이 유식 사상이라 생각하면 맞을 것입니다. 즉 반야공성이 성립하는 장으로 식의 존재를 인정한 것으로서 아뢰야식, 혹은 식의 분류를 8식으로 하는 것입니다. 아비달마 사상에서는 6식을 주장하지만 유식 사상은 아비달마의 5식(전오식)을 총괄하는 6식(의식)에다 7식(말라식)과 8식(아뢰야식)을 추가하여 윤회를 만드는 집착(업)하는 식을 7식으로 보았으며, 8식인 아뢰야식은 이것을 저장하는 역할을 한다고 보았습니다. 이것을 아뢰야연기라 합니다.

여래장 사상

위의 불교사상을 간략히 비교한 것은 과연 무엇이 다르게 전개되었는가를 살펴보기 위함이었습니다. 아시다시피 불교는 시대의 변천에 따라 조금씩 변해 왔음을 볼 수가 있습니다. 그러나 그 본체인 진리는 변화하지 않았다는 것입니다. 이와 같이 진리를 더듬어 증명해 나가는 일은 무엇보다도 어려운 일이라 아니할 수 없을 것입니다.

그러나 대체적으로 그 맥은 유사하다고 볼 수 있습니다. 즉 존재에 대한 분석은 조금씩 방법을 달리 해석할 뿐이지 그 본질은 유사하다고 보입니다. 따라서 아비달마 교학의 윤회 사상은 업감연기론, 즉 인과응보라 합니다.

유식 사상에서 윤회의 근본은 아뢰야식에 있다고 합니다. 그럼 아뢰야식은 어디로 가는가? 이것이 궁금하지 않을 수 없습니다. 그래서 우선 공의 본성을 살펴보면, 부파불교 말기의 인도 철학사상 중 상키야 철학사상이 그 본질을 해명하는 데 있어 적절하게 정립되어 있는 것 같고, 또한 제가 발견한 본질과 흡사해서 설명을 드리기가 조금 쉬운 것 같아 인도 상키야 철학사상을 예로 들면서 불교 사상과 비교해 보도록 하겠습니다.

인도 상키야 철학사상과 과학적 연계

상키야 철학에서는 인간의 영원한 자아를 푸르샤라고 합니다(불교의 중관 사상에서는 이를 인정하지 않습니다). 그리고 세계의 존재를 정신과 물질이라는 두 개념으로 해석하고 있습니다. 이와 같은 질료적 원인을 프라크르티라고 합니다. 이 프라크르티는 여성적 성격을 띠고 있어 푸르샤를 짝사랑하게 되는데, 푸르샤는 영원한 성인으로서 절대로 사랑의 꼬임에 빠지는 그런 성질이 아니라고 생각하면 좋습니다. 그런데 어느 날 프라크르티가 상사병을 앓고 있다는 것을 바람둥이가 얼른 눈치를 채고 프라크르티를 낚아채게 되는데, 이 바람둥이는 한 프라크르티에게 만족을 못해서 한꺼번에 둘과 동시에 사랑에 빠지게 됩니다.

그러는 사이에 프라크르티는 짝사랑하는 푸루샤에 대한 마음을 끝내 버리지 못하고 가정을 이루게 됩니다. 푸르샤에 대한 집착이 한이 되어서 만들어진 것이 붓디라는 것인데, 이것을 마음에 품고 바람둥이와 가정을 이루게 되는데, 이 가정의 이름을 색色이라고 합니다.

그래서 색의 발생과 동시에 붓디라는 식識이 발생을 합니다. 그런데 이 붓디는 프라크르티가 프루샤에 대한 집착이 생겨서 만들어진 것일 뿐인데, 프라크르티는 붓디가 푸르샤인 것처럼 착각을 하고 살면서 바람둥이와 동상이몽을 하는 것이죠. 그러니 몸 따로 마음 따로인 것이죠. 그러다가 프라크르티가 바람둥이에 싫증을 느끼고 정신을 차리고서 내가 갖고 있는 이 마음이 집착이었음을 발견하는 순간, 식識은 해체되어버린다는 것이지요. 이와 같은 예를 비유해서 설명한 것은 이해를 돕기 위해서 한 것입니다. 다시 한 번 설명을 하면, 푸르샤는 영원불변의 태양의 자외선이며(진공에서는 광으로 변화되기 이전 단계를 자외선으로 명함), 질료적 요소인 프라크르티는 수소 원소이고, 바람둥이는 산소 원소이며, 붓디는 집착에 의해서 만들어진 명색(名色, H_2O)이라는 최초의 물질계인 것입니다. 즉 색계가 만들어지면서 식識도 동시에 발생된다고 보면 되겠습니다. 이렇게 식識이 해체되면 무색계로 돌아가는데 이 무색계는 진아이며 진공이며 비물질이며 진여眞如라고도 하게 됩니다.

그렇다면 좀 더 보완하기 위해서 지금까지 증명된 비교적 최신 과학을 근거로 우주계를 비교해 보겠습니다. 물론 이 근거도 완벽한 것은 아닙니다만, 어떠하든 불교가 발견한 사상은 인류 출현 이후이므로 최초의 우주 생성은 과학적 근거로 증명될 수 있을 것 같습니다. 인류가 존재하게 된 배경은 우선 지구에 물이 존재할 수 있었던 것이 가장 큰 이유가 될 수밖에 없습니다. 따라서 우주에 생명, 즉 물질이 발생할 수 있는 근원을 찾을 수 있을 때 그것이 생명과 인류의 시작이었다고 생각할 수 있을 것입니다.

따라서 위에서 이미 언급된 것처럼 우주는 지금까지 밝혀진 빅뱅이론처럼 최초의 우주는 쿼크라는 원소보다도 작은 비물질 원자 입자로 꽉 차 있었다고 합니다. 태양의 생성과 함께 쿼크 단위는 중수소 원소로 변하고 태양은 수소 핵분열을 시작했으며, 거기에서 태양이 생성되고 그 과정에 발생된 헬륨가스는 오로라를 형성하면서 지금의 태양이 존재하게 되고, 우주는 수소 원소로 충진되게 되었습니다. 빅뱅 시기에 태양계의 지구도 같은 원리로 만들어지는데, 우연의 일치로 지구에는 산소 원소가 엄청나게 발생하게 되므로 우주의 수소와 산소가 결합함으로써 물이 생성되었고, 그 물의 생성이 생명의 원초를 제공하게 되는데 여기에서 불교에서 언급하는 색의 발생의 근원이 된 것입니다. 그런데 여기에서 중요한 관건은 산소 원소와 수소 원소가 물 분자화가 되는 과정에 반드시 촉매가 필요한데, 이것이 태양에서 나오는 자외선입니다. 이것이 색계로 들어오면서 빛이 되는 것이고, 동시에 온도가 발생하게 되어 생명의 단초를 제공하게 되는 것입니다. 원소의 화학 반응은 반드시 그 성질이 변화할 때는 전자적·온도적·광학적 매개를 통해서 성질이 변화하게 되는데, 이때 우주에 가득 차 있는 태양의 자외선이 수소 원소의 원자 운동을 마이너스 성질과 플러스 성질을 가지고 있는 산소와 결합하게 되는 매개 역할을 하는 것입니다.

그렇다면 정신계를 형성하게 되는 식의 성질을 분석해 보자면, 색은 식과 분리시켜 생각할 수 없다는 것입니다. 이유는 위에서 비교 설명한 것과 같이 색의 발생은 식과 동반적 발생이란 것입니다. 바꾸어 말해 식을 만들어 가는 근원은 광光입니다. 즉 빛이지요. 무색계에서는 명明이었을 뿐이며 스스로 존재할 뿐이지, 무엇과도 결합하거나 화합하는 물체가 아니라는 것입니다.

다시 말해 우주에 가득한 태양의 자외선이란 광선은 진공에서는 색이 구분되지 않습니다. 빛의 원리는 자외선 광선이 물질계로 들어오면서 물 분자 입자에 부딪혀 굴절되면서 파장을 형성하게 됩니다. 이때 굴절 파장에 따라서 빨주노초파남보 색깔을 띠게 되는데, 이것을 가시광선이라고 합니다. 가시광선이란 눈으로 볼 수 있는 광선이라는 뜻입니다. 따라서 빨간색은 즉 적외선에 가까울수록 열을 내는 광선이고, 보라색에 가까운 광선일수록 파장이 짧고, 어떠한 에너지의 정보를 파장으로 기억시키는데, 이 빛이란 광선이 작용을 한다고 보아도 좋을 것입니다. 이 부분은 뒤에서 자세히 언급하기로 하겠습니다.

다음은 명明의 근원을 짚어보도록 하겠습니다. 태양은 큰 불덩이입니다. 그렇다면 상식적으로 폭발하거나 연소되어 점점 사라져야 하는데 어떻게 계속 존재할 수 있는가? 그래서 자연의 이치는 오묘하다는 것입니다. 태양은 수소 핵, 즉 중수소의 핵융합 결정체인데, 그 과정에서 생성된 헬륨이라는 가스가 태양의 주변을 감싸고 있으므로 마치 전구 속의 필라멘트와 같이 타서 없어지지 않고 존재할 수 있다는 것입니다. 이 헬륨이라는 가스는 불활성 가스로서 어떠한 원소와도 결합하지 않는 성질을 가지고 있음으로써 태양의 주변을 감싸고 있는 그 자체가 진공 효과를 내고 있음을 말합니다. 그러므로 태양이 지속적으로 존재 가능하며, 또 우주공간에는 수소(90%)와 헬륨(9%)으로 충진되어 있으므로 진공 효과가 생기는 것이고, 따라서 태양열 전달이 안 되므로 온도가 매우 낮고, 우주계는 『천자문』에도 나오듯이 빛(광)이 없으므로 검고 어둡다는 것입니다.

그렇다면 불교에서 얘기하는 열반의 의미가 무엇인지 알아보기로 하겠습니다. 아마 대부분의 불자님들은 열반의 의미를 추상적으로 고요하다, 아니면 적적하다 등등으로 알고 계실 것입니다. 맞습니다. 고요하고 적적하다는 의미는 맞지요. 그러나 어떠한 원리로 열반이라고 했는지 그 깊은 뜻에 대한 이해를 해보도록 하지요.

그러면 먼저 열반涅槃의 어원을 살펴보면 개흙 열涅에 쟁반 반槃입니다. 글자의 해석은 쟁반처럼 된 개흙이 됩니다. 이때 개흙이란 도자기를 만들 때 쓰는 고운 흙으로 잘 다져진 흙을 말하고, 이는 곧 용암을 의미합니다. 열涅 자는 불 화火, 날 일日에, 흙 토土로 이루어져 있습니다. 반槃 자는 되돌린다는 뜻의 반般에 나무 목木으로 조합된 문자입니다. 다시 해석해 보면 열涅은 태양은 달구어진 갠 흙덩어리이고, 반槃은 나무를 되돌린다는 말이니 연소가 아닐까요? 그렇다면 나무로 불을 지피고 있는 달구어진 개흙이라 추론할 수 있을 것입니다. 당시에 불이란 개념은 나무를 땔 때 불을 얻을 수 있다고 생각했으므로 불을 지피고 있는 것을 연상할 수 있지 않을까요? 이는 곧 과학적으로는 수소 핵융합으로 일어나는 폭발로 보아야 할 것입니다. 그리하여 태양이란 것은 용암 덩어리가 죽 끓듯이 뭉쳐져 있는 덩어리인 것입니다. 그런데 어째서 열반이란 뜻이 모든 것이 멈추어져 고요하다고 했을까요? 그럼 숯가마나 도자기 가마를 연상해 보면 어떨까요? 바로 이것입니다. 도자기를 구울 때 개흙으로 빚어서 가마에 나무를 가지런히 하고 불을 지피면 가마 속이 뻘겋게 이글거리게 됩니다. 이때 어느 정도 연소가 이루어지고 숯이 되어갈 때쯤 아궁이와 숨구멍을 틀어막으면 그 안에서는 더 이상 연소가 일어나지 않고 그 고온의 상태가 유지되면서 식어갑니다. 이때 그 흙에 함유되어 있던 기공까지 모두 완전연소가 되므로 그 어떤 다른 산소 원소도 숯의 탄소 성분 이외는 존재하지 않는 상태가 됩니다. 이러한 현상은 그 안에 남아 있는 산소가 없기 때문에 어떤 기공도 소멸되어버립니다. 따라서 연소는 중지되고, 산소가 없으므로 그 어떤 작용도 사라져 마치 진공과도 같은 상태가 유지되기 때문입니다. 그래서 적적하다란 그 가마 안쪽이 진공 상태가 유지되므로 탄소와 결합하는 산소가 없게 되고, 연소 화학 반응이 일어나지 않으므로 결합 반응이 사라지고 부동이고 적적하다란 표현이 됩니다.

그래서 좋은 도자기란 얼마나 도자기의 개흙 안에 기공이 남아 있지 않고 단단하게 잘 구워졌느냐에 따라 평가하는 것입니다. 다만 가마와 태양 현상이 다른 것은 가마 바깥은 공기층이어서 열전달이 일어나기 때문에 식어가는 것입니다. 만일에 가마 바깥쪽도 진공상태라면 가마 역시 식지 않고 계속 달구어져 있을 것입니다.

그래서 도자기 명인들이 잘된 도자기들을 분간하기 위해서 부위별로 하나씩 깨어 보면 열의 분포에 따라 기공의 유무 등 도자기의 밀도에 따라 단단해지므로 이를 통해 도자기를 평가했던 것입니다. 따라서 불교적 열반의 척도란 전혀 움직임이 없는 마음의 번뇌가 사라진 자리여서 적적하다고 표현하는 것입니다. 그래서 마침내 완전한 열반을 이룬다 하여 구경열반究竟涅槃이라 합니다.

우리가 산중에 그 어떤 곳이 조용하고 무서울 만큼 적적하다고 하지만 거기에는 풀벌레 소리나 바람 소리 등 다른 소리가 작게라도 포함되어 있습니다. 그래서 진공이 된 상태만큼 조용하고 적적한 상태는 없을 것입니다. 바로 이러한 뜻을 내포한 것이 열반이란 문자이며, 이는 태양을 의미하기도 합니다. 다비식은 바로 이 열반으로 돌아간다는 의식으로 행해지는 것이기도 합니다. 열반은 아닐지라도 아주 조용한 의단에 들었거나 또는 선정에 들었을 때란, 마치 물속에 들어 있는 것처럼 보고 있어도 보이지 않고 소리가 있어도 들리지 않는 상태가 된다는 것입니다. 마치 물속에서 보고 듣는 것처럼……

윤회 사상의 과학적 이해

위에서 불교와 우주의 본질을 살펴보았습니다.

이렇듯 불교란 우주 본질의 진리를 발견한 것입니다.

생명의 본질은 크게 두 가지로 나누게 되는데, 그러나 또 나눌 수 없는 것이 또 본질의 속성입니다. 즉 물질과 비물질로 이루어집니다. 물질, 즉 색의 본질은 물(H_2O) 분자로서 이 물을 만들어 내는 것 또한 비물질인 빛(자외선)이 되는데, 그 뜻은 생명은 수소와 산소와 온도가 존재하므로 발생하고, 수소와 산소가 결합할 때 자외선의 팩터가 작용하고, 그 H_2O에 의하여 명明이 광光으로 바뀌면서 온도가 발생합니다. 물로 말미암아 온도가 발생되고 이 온도는 다른 원소와 원소의 합성을 촉진하고, 그로 인해 생명체의 성장이라는 변화가 발생하게 됩니다.

그러므로 이것이 생명의 시작인데 이때 생명生命이란 생生은 물질의 본성이고, 명命이란 빛의 본성이며, 이렇게 육신과 정신이란 두 개의 트랙이 존재합니다. 불교에서는 육신은 지수화풍으로 돌아간다고 했는데, 윤회가 있다고는 하지만 정신세계를 이루었던 빛은 어디에 머물다가 다시 윤회하는 데 영향을 주는 것일까요?

여기에서 한 번 더 짚어보아야 할 것은 바로 빛입니다. 이 빛은 곧 우리가 말하는 신神입니다 이 신神의 어원을 풀어보면 볼 시示에 펼 신申인데, 그 뜻을 풀이하면 날 일日, 즉 태양으로부터 나오는 빛인 가시광선과 자외선 및 적외선을 의미합니다. 이것이 마음과 정신세계를 이루는 체계를 만들어 갑니다(識). 이것은 다른 말로 빛의 파장으로 볼 수 있으며, 이 파장은 번뇌의 정도에 따라 사람의 마음도 이와 같이 밝고 맑을수록 직선성인 안정된 파장으로 세포핵에 저장될 것이며, 번뇌가 많고 어두울수록 파장이 큰 불안한 파장으로 세포에 저장될 것이고, 이것으로 인하여 격格이 생기게 됩니다. 이 격은 생명이 잉태될 때 DNA의 파장에 따라 성격性格이라 불리게 됩니다. 이것이 타고난 본래의 모습이 되는 것입니다.

그렇다 하더라도 윤회를 증명하는 데 한계가 있었습니다. 그러나 진리는 변할 수 없는 것처럼 과학이 발달된 현대에서는 유전이라 하는 DNA를 밝혀냄으로써 그 증명이 수월해졌습니다. 즉 육신은 지수화풍으로 돌아가고, 정신 에너지는 천당과 지옥? 하늘과 땅에? 아니지요. 육신은 흩어질지라도 정신 에너지는 이미 단백질의 세포핵에 저장되어(마치 레이저 광선으로 영상을 녹음한 CD와 같이) 이 CD란 단백질에 마음의 기록들이 저장되어 부모, 자신, 그의 자식으로 유전(DNA)되어 있는 것과 같은 원리입니다. 그래서 요즘 밝혀지고 있는 것처럼 자신의 체세포 핵에는 부모와 조상과 관련된 친인척의 모든 DNA 정보가 동시에 공유되어 있습니다. 물론 자신의 직계처럼 100%는 아닐지라도 연관이 되어 있습니다.

그렇다고 윤회란 한 개체, 즉 한 생명이 똑같은 형태로 생멸을 반복하는 것은 아닙니다. 남녀의 인자가 100%씩을 합하여 또 다른 100%가 되는 것이 되어 압축되었으며, 그중에서 집착의 정도 혹은 우주의 기운과 자신이 보유한 인자가 시시때때로 변화되어 마음 작용으로 나타나는 것이 사주팔자고 운명입니다. 이것이 곧 자신들이 기억하지 못하는 무의식 세계의 아뢰야식이라는 것이고, 육신은 죽음으로 흩어졌지만 정신 에너지는 체세포 핵에 유전되어 그 인자 보유자의(직계, 비직계 등) 마음 상태에 따라 대상을 만나면 우성인자가 강하게 발아되어 나타나 생멸을 반복한다는 윤회설의 과학적 해명(과학적 이론과 불교의 접목이 일어난 필자의 발견)입니다. 모든 생물의 씨앗들도 이것과 다를 바 없습니다. 이러한 체계들은 어떤 학문적 루트를 통하여 정리된 것이 아니란 것을 분명히 말씀드립니다. 모든 이치가 오직 선정에서 흩어져 있던 작은 알갱이 같은 것들이 모여 한 줄에 꿰이면서 열린 지혜들입니다.

거기다 더하여 사주팔자처럼 자기 업식에 따라 마음이란 에너지는 뇌파의 신神, 즉 빛 에너지의 파장(방송이 전파를 타듯)에 의하여 나도 모르는 공간에서(빛) 유유상종하는 에너지와 교통하게 되고(『천수경』의 제망찰해와 같은 인연) 인에 의한 연이 발생하며, 잘 살펴보면 성공과 실패가 항상 사람에 의하여 일어남을 발견하게 됩니다. 그러므로 흥망성쇠가 우연을 가장한 인과응보에 의한 필연이란 것입니다. 그래서 어느 종교에서 신의 섭리라고 한 그 말이 한 치의 오차도 없습니다. 그 이유는 신神이란 곧 빛이고, 빛이 곧 창조주이기 때문이지요.

전통 밀교사상에서 '대일여래大日如來'란 본존불本尊佛인 비로자나불로서 태양을 의미합니다. 이것이 곧 색계에서는 빛입니다. 이슬람교의 알라신이기도 합니다. 그러므로 창조주이기도 하지요. 그래서 낮은 지식으로 남의 종교를 함부로 말하는 것은 대단히 위험한 자기모순에 빠지게 됨을 조심해야 합니다.

남녀가 만나 자식을 잉태하면 각각의 인자들이 결합하게 되는데, 이 만남의 시작부터 윤회에 근거를 제공한다는 것입니다. 그것은 보유하고 있는 각자의 인자(업식)의 성향이 무의식으로 마음에 작용하여 현상으로 나타나는 것이, 어떤 사람을 보면 좋아하는 마음이 생기고 싫어하는 마음이 생기는 등 집착 정도에 따라 강약의 차이로 나타납니다. 이성끼리 사랑이란 관계로 관심을 보이는 것 또한 선연으로만 관심이 생기는 것이 아니라 악연이라 할지라도 집착의 강도에 따라 강한 사랑으로 나타나기도 합니다.

어찌하든 강한 관심은 싫어하는 마음이든 좋아하는 마음이든 높은 집착에서 비롯된다는 것을 인식하여 자기의 마음을 잘 관찰해 보면 그 뒤가 보이게 될 것입니다. 이와 같이 유유상종의 철칙과 인과에 따라 연이 생기는 것이 모두 마음의 작용인 것인데, 이것이 업식의 작용이 시작되는 것입니다. 이때 자식이란 남녀의 살점을 결합하여 만들어진 하나의 또 다른 독립된 개체일 뿐 완전히 별개의 것이 아니란 것입니다. 그러므로 조상이 나이고 내가 자식이 되는 것입니다. 이것이 모두 마음 안에서 이루어지고 있습니다.

따라서 이것으로 인하여 이것이 발생하고, 이것이 사라지면 이것 또한 사라진다는 상대성 논리의 인연법이 또 여기에 적용되는 법으로서 증명됩니다. 다시 말하면 나의 인과에 의해 또 다른 인과의 연이 생겨났고(결혼), 나의 인과가 없어지면 자식에게 유전된 인과가 사라지고, 그 자식에게 유전된 인자는 내 것이 사라지므로 그것 또한 사라지고, 자식에게 전해진 원인자가 사라지므로 그와 상관된 그 모계로부터 받은 원인이 사라지고, 어머니의 인자 또한 사라지니 부부 일심동체란 뜻은 이를 두고 말하는 것이고, 부부는 자식을 매개로 일심동체를 이루게 되어 있습니다. 그러므로 자신의 성불이 자신만을 해결하는 문제가 아니라 조상과 가족, 형제와 친인척, 나아가 관련된 인자들이 모두 맑아지므로 과히 한 사람의 밝힘이 곧 주변과 사회의 빛이 아니라 할 수 없다는 것입니다.

이것을 다시 증명하는 과학적 근거로서 인수분해의 방정식, 통분을 통한 함수 등의 수학적 원리가 우리의 업식 유전의 생멸 원리와 너무 똑같다는 것도 발견하게 되었습니다. 예를 들면 나를 중심으로 부부는 직접적으로 유전의 관계에 있지는 않습니다. 그러나 자식을 통해 유전자의 함수적 관계에 있고, 자식은 양쪽 부모로부터 100%씩 전체적 유전인자를 공유하고 있습니다. 다만 어떤 것이 우성적인 성향이 나타나느냐에 따라 발현되기도 하고 잠재하기도 하는 것뿐이지 전체 인자는 유전됩니다. 그것이 우성적 인자냐 열성적(잠재적) 인자냐 하는 것은 우주적 에너지에 따라 그 탭이 강약의 차이로 나타날 뿐이지(보유 업식에 따라) 모두 그 안에서 나타나게 되어 있습니다. 그 뜻은 부모와 또 그 위의 부모 대대로 조상들의 인자 또한 모두 포함되어 있다는 것인데, 그러나 이 또한 오래될수록 진화하여 자동으로 멸한다는 이치도 가지고 있다는 것입니다.

이런 것들을 간접적으로 설명할 수 있는 예는, 가령 인간의 병이란 업식에 의하여 그 어두운 식이 신神을 어둡게 하여 경락의 장애를 일으키니 경혈이 원만하지 못하여 육신 세포의 혈류에 장애를 일으키게 되므로 세포가 병이 들어 발생합니다. 결국 식識이란 위에서 말씀드렸던 것처럼 빛이고 신神이고, 이 신은 신경神經이란 경로를 통하여 기혈을 순환하게 합니다. 결국은 식이 맑은 정도에 따라 신이 맑으면 건강하고 신이 어두우면 병이 생기는 것입니다. 그러한 원리로 아버지에게 있던 병은 자식에게 유전되고, 당장 나타나지 않는다 하더라도 그러한 인자를 보유하고 있다면 언젠가는 나타나게 되어 있는데, 당대에 나타나지 않았다면 그 다음 자손에게 나타날 수도 있습니다. 이와 같이 식이란 각인된 유전자는 스스로 멸하지 않으면 언젠가는 영향을 미치게 되어 있는데, 다행이 그것을 상쇄할 만한 선업이 생기거나 공덕으로 인자가 사라진다면 그것은 한 세대에서 끝나는 게 아니라 모두 한꺼번에 통분되어 사라져버리고 맙니다. 그때는 조상이든 부모든 자식이든, 심지어 자식을 통하여 부인까지도 나와 관련된 모두의 업식은 나의 마음속에 공유되어 있다가 사라집니다. 이것을 곧 『천수경』에서는 "죄무자성종심기, 죄망심멸양구공, 시즉명위진참회"라 말합니다.

돌아가신 조상이나 부모가 하늘에 있고 땅에 있는 것이 아니라 나의 마음에, 나의 세포핵에 그 인자가 공유되어 유전하고 있는 것입니다. 절에서 지내는 천도재의 원리도 이와 같습니다. 조상의 이름을 적고 음식을 차려놓고 제를 지내는 것은 의식화되어 있는 중생의 눈과 귀를 위해서 하는 의식이지, 실질적으로는 혜안이 높은 스님이나 도인이 선정에 들어 그 업식들을 내 마음 세계로 불러들여서(커넥션) 정화(중화)시키는 의식입니다. 모든 것이 마음으로 이루어지는 것입니다.

그래서 천도 의식이란 것도 아무나 한다고 그것이 실체적으로 되는 것이 아닙니다. 그래서 어떤 분이든 도력이 높으신 분을 만나 제

대로 된 의식이 있어야 이루어지는 것입니다. 물론 의식에 의해서
도 약간의 위로는 되겠지요.

그렇다면 자기의 지은 업은 이런 족쇄에 영원히 얽매여야 하는
가? 아닙니다. 이것을 스스로 해결하는 방법이 염불 정진이나 참선
정진 등 불교적 수행이 가장 수승한 수행 방법이지만, 그렇다고 가
톨릭적이거나 개신교적이라고 해서 전혀 아닌 것은 아닙니다. 다
만 어느 교이든 정진 수행의 적극성과 심도에 따라 결과는 달라질
수 있겠지요.

15. 법성게와 과학적 이해

법성게

법성게法性偈는 별도로 설명을 드리지 않더라도 해동화엄의 시조인 신라 의상대사께서 깨달음의 세계를 표현한 것임을 잘 아실 것입니다. 법성게는 우주의 현상을 그대로 표현한 게송으로서 화엄의 중심 사상입니다. 그래서 물론 이 게송을 그대로도 이해하시겠지만, 대승경전들이 모두 고전 한문으로 이루어져 있는 데다 또한 형이상학적 세계를 표현한 경전들이 모두 현대학문에 익숙한 우리들로서는 이해하기가 그리 쉽지 않고, 그리고 그 글을 해석해 놓는다 한들 또한 불교용어들이 너무 어려워 쉽게 이해하기가 어렵습니다. 거기에다가 현대학문들은 대체적으로 형이하학적 논리 학문이라서 답이 딱딱 떨어져야 합니다. 그래서 수학적이거나 과학적 논리에 맞아야 수긍을 빨리 합니다.

실정이 이러하니 서양에서도 이제는 가톨릭이나 개신교의 오직 믿음을 강요하는 종교에는 점점 싫증을 내어 좀 더 과학적 근거가 있는 불교에 많은 관심들을 가지기 시작했습니다. 그리고 불교가 종교이긴 하지만 고차적인 철학이고 과학적이라는 것은 이미 여러 채널을 통하여 밝혀지고 있습니다.

그래서 필자도 재가 공부인으로 살아가며 생활의 수단인 기술 학문들, 즉 전기·전자·기계·화학·연소공학 등을 전공으로 깊이 있게 공부하진 않았지만 그때그때 비즈니스 상 필요에 따라 쌓아 놓았던 지식들이 출가의 발심과 산사에서 참선 용맹정진을 이어가던 어느 날, 흩어져 있던 사회적 학문 지식들이 하나하나의 알갱이처럼 꿰어지면서 우주 빅뱅의 이치가 과학적 체계로 한 줄의 염주 알처럼 엮이어 열리는 것이었습니다.

동시에 한문의 문리가 열리고 경전이 저절로 열리어 모든 경전의 이치가 저절로 해석되어지고 드러나는 것이었습니다. 지나고 나서 생각해 보면 모든 우주의 성주괴공이 서로 관련이 있는 지식이었습니다. 전기는 전공이었고, 그 후에 계측제어로 전환하면서 컴퓨터 및 전자적 공부가 필요했고, 창업 당시는 화력발전 보일러와 연계된 연소설비 제어 관련 일이다 보니 기계학·유체연소학(화염)·환경공해와 관련된 화학적 지식 등을 두루 공부하지 않으면 안 되었습니다. 이 모두가 직업과 관련된 지식들이었고, 그것들은 모두 불교 공부와 관련되어졌습니다.

또한 한문의 문리가 열린 이치는 과거 생에 학문을 꽤 깊이 있게 공부했던 DNA가 있었던 것 같습니다. 그것이 참선 정진으로 업이 닦이고 지혜가 열리니 저절로 드러났던 것으로 여겨집니다. 따라서 법성게를 우주과학과 연계하여 해석해 봄으로써 일반적 이해를 돕고자 합니다. 과학이 없던 그 시대에 깨달음의 혜안으로 우주의 본질을 간파했다는 것은 경이로울 뿐입니다. 그러나 한편으론 참선 공부를 이야기하면서 이 게송을 해석하려는 것은 어쩌면 화두 정진에 방해가 되는 자기모순에 빠지는 일이 아닌가? 하고 주저도 했습니다. 그렇다고는 하지만 다른 한편으로는 해석으로 알아진 것은 제 살이 아니고 참선 공부인은 알음알이를 타파하는 공부이니 그럼에도 화두의 그 물음은 계속되어야 할 것입니다.

법성게란 우주의 본성이 세상에 펼쳐지는 이치를 설한 게송이란 뜻으로, 글자 그대로 법의 성품을 말합니다. 법계란 우주계와 현상계를 통틀어 법이라 합니다. 현상계가 지구의 일부 현상계라곤 하지만, 이것 또한 우주 안에 하나인 것입니다. 그리고 성性이란 글자 그대로 小+生의 합성어입니다. 즉 작은 생명 성품, 생명화할 수 있는 재료란 뜻으로, 여기엔 우주에 충진된 수소 원소와 산소의 질료적 요소와 비질료적 요소인 정신 에너지인 태양의 빛이 되는 자외선이 있습니다. 무한한 생명의 에너지인 것입니다. 이제 이러한 깨달음으로 본 우주적 본성을 표현한 글들을 과학적 관점으로 살펴보겠습니다.

법성원융무이상 제법부동본래적
法性圓融無二相 諸法不動本來寂

법성원융무이상法性圓融無二相

법의 성품은 끊어짐이 없어 하나의 덩어리라 할 수도 있고 시작도 끝도 없습니다.

제법부동본래적諸法不動本來寂

제법이란 우주 일체의 공간을 말하며, 우주 자체가 진공이니 소리와 빛이 발생하지도 않고 온도의 발생도 전달되지 않습니다. 그러하니 적적하다고밖에 할 수 없고, 우주의 근원인 태양의 열이 전달되지 못하니 우주공간은 냉각상태인 것입니다. 더군다나 수소만 충진되었다 해도 약간의 여지가 있을 텐데, 불활성 가스인 헬륨이 혼합되어 있는 공간은 더더욱 타 원소와 결합이 불가능한 상태이니, 적적하다는 표현은 결합이 불가능하여 행이 일어나지 못하므로 빛·소리·열의 전달이 차단되고 중력이 발생할 수 없으므로 부동이라 표현했습니다. 과학이 없는 시대에 엄청난 발견이었지요.

무명무상절일체 증지소지비여경
無名無相絶一切 證智所知非餘境

무명무상절일체無名無相絶一切

명名이란 생명체이며, 무명無名이므로 생명체가 없으니 대상도 없고, 대상이 없으니 모두 각각이 독립되어 결합하지 않아 끊어진 상태라 했습니다.

우주공간에는 질료적 성품인 수소 원소가 충진되어 있고, 지구의 생성에서 발생한 산소 원소와 결합하여 물 분자가 발생하여 생명의 근원이 되었고, 이를 색의 발생이라 합니다. 여기에 정신적 요소인 태양의 자외선은 H_2O가 합성될 때 촉매 작용을 하고, 물의 발생과 함께 빛이 발생하고, 빛의 발생으로 온도가 발생하고, 온도의 발생으로 생명이 발생하고, 이와 동시에 식識의 작용이 발생하게 되었습니다. 그러하니 여기서 무명이라 함은 생명과 존재가 없음을 말하고, 무색계며, 무상無相 또한 형체가 없고 비물질로서 원소 상태로 결합하지 않는 상태, 즉 질료적 성질이 있는 재료인 성품으로 존재할 뿐 현상하지 않은 상태의, 집착이 끊어진 상태란 의미가 되므로 진여입니다.

증지소지비여경證智所知非餘境

깨달아야 아는(증지證智란 정각) 자리며, 마음과 대상이 합일된 현상으로 어떤 경계도 일어날 여지가 없고 무념무상인 상태입니다. 즉 완전한 진공이란 그 어떤 행도 일어날 수가 없는 공간 경계인 것입니다. 그야말로 진여이고 여여한 자리인 것입니다.

진성심심극미묘 불수자성수연성
眞性甚深極微妙 不守自性隨緣成

진성심심극미묘眞性甚深極微妙

진성, 즉 본래의 성품은 깊고 깊으며 심오하고 묘한 이치입니다. 그렇습니다. 과학이 없던 시대에는 참으로 미묘하다고밖에 달리 설명이 불가능한 일이기에 이렇게밖에 표현할 수 없었겠지요.

불수자성수연성不守自性隨緣成

자성을 고집하지 않고 인연 따라 나타나고 받아들인다. 어찌 보면 무명무상절일체와 상반된 뜻이 아닌가요? 참으로 문자의 표현으로는 이렇게 심심미묘한 문제를 다 표현하는 데는 어차피 한계가 있습니다. 그리하여 옛 선어를 해석할 때는 선지의 그 자리에서 그 문자를 바라볼 수 있어야 이심전심으로 알아듣게 된다고 합니다. 이것은 『묘법연화경』의 진공묘유에서 보듯 진공에서 유가 나온다, 다른 말로는 있기도 하고 없기도 하다, 아무리 이해한다 해도 무명無名이고 무상無相인데 유有가? 말로써는 도저히 이해가 가지 않는 말입니다. 말이 안 되는 자리이지요. 그렇다면 과학적으로 접근을 해보지요. 우주공간은 수소 원소와 헬륨가스로 충진되어 진공상태로서 생명도 물질도 빛도 형상도 존재할 수 없습니다. 그러나 현상하지 않으나 존재는 합니다. 성품, 즉 물질화·생명화할 수 있는 요소로, 즉 성품으로 우주에 꽉 충진되어 있습니다. 그런데 이 수소는 질료적 재료가 되고, 지구에서 발생한 산소 또한 질료적 요소로서 이 질료적 재료만으로 물질화·생명화할 수는 없습니다. 여기에 태양으로부터 생성되는 빛은 사실상 진공상태에서는 자외선, 즉 굴절이 발생해야 빛이란 파장이 일어나는데, 진공상태에서는 파장이

없어 그냥 자외선입니다. 가시광선을 벗어난 광선을 자외선이라고
합니다.

이 수소 원소가 산소 원소를 만나게 되면서 수소는 약한 음극의
성질을 가지고 있고 산소는 강한 양극의 성질이 있는데, 이 두 원소
가 결합하는데 바로 태양의 자외선이 촉매 역할을 하므로 과학적
으로 원인자 팩터 모멘트가 발생합니다. 여기엔 태양의 자외선이
없이는 절대 결합이 불가능합니다. 이 두 원소가 태양의 중매로 결
합을 하는 순간 H_2O라는 물 분자가 생성되고, 물은 물질화되었기
에 이때서부터 색色이라 하고, 무명無明의 시작이 됩니다. 이 색이
발생할 때 자외선은 명名이라 하고, 여기서 명색名色이 발생합니다.
다른 말로 표현하면 명名은 정신적 요소인 식識이 되고, 색色은 물
질의 발생이 됩니다. 그래서 명색이란 생명체의 시작이 됩니다. 그
렇다고 둘은 동시에 발생되는 것이지 독립해서 발생될 수 있는 것
은 아님을 알아야 합니다. 따라서 진공인 상태에서는 해(日)와 달
(月)은, 전구 안의 진공 속 필라멘트와 같이 밝아 있을 뿐(明) 빛(光)
은 아닙니다. 그러나 명(明: 무색계)에서 나온 자외선은 무명無明인
색계에 들어오면서 행行의 파장이 생기기 시작하여 빛(光)이라 하
고, 정신 에너지의 식識이 되어 번뇌가 생기고, 명색名色의 생명이
발생하고, 6입처(入處: 안이비설신의, 색성향미촉법)의 12연기가 발
생하여 촉(느낌으로), 수(받아들여서), 애(애착으로 집착이 생겨), 취
(내 것이라 취하게 되니 욕심이 붙게 되고), 유(있음이란 잉태가 발생),
생(태어나게 되고), 노(늙고), 병(병들고), 사(죽음)와 같이 발생합니
다. 명색부터는 생명의 발생이라고 봐도 좋을 듯합니다. 너무도 과

학적입니다. 이런 설명은 『아함경』의 12연기설에서 설해지고 있습니다.

일중일체다중일 일즉일체다즉일
一中一切多中一 一卽一切多卽一

일중일체다중일一中一切多中一

'하나 속에 일체 있고 일체 속에 하나 있네.' 우주란 한 덩어리 안에 위성의 모습이기도 하고 개체도 그 일체 속에 하나일세. 이 말은 지금은 과학적 이해로도 가능하지만 과학적 근거가 없던 시대에 발견했다는 것이 이미 4차원의 세계를 증득했음을 의미합니다. 구태여 다시 풀이를 한다면, 우주가 하나이고 그 안에 위성, 그리고 지구 그 안의 현상계까지도 일체가 되니 즉 우주가 하나일세.

일즉일체다즉일一卽一切多卽一

'하나란 곧 전체고 천체가 하나일세.' 우주 덩어리를 그대로 표현하였습니다.

일미진중함시방 일체진중역여시
一微塵中含十方 一切塵中亦如是

일미진중함시방一微塵中含十方

'작은 먼지 하나에 시방세계가 담겨 있고'란 이 부분은 참으로 잘 들여다보아야 합니다. 저는 매우 중요하다고 봅니다. 한 티끌이 시방세계를 품었다 함은 일중일체다중일이고 일즉일체다즉일이니, 우주란 이미 시공이 없는 세계이니 이를 품었다 함은 이 깊은 뜻이 무엇인가? 한 티끌이란 뜻이 중요합니다. 티끌이란 즉 물질화되지 않은 원소 상태를 의미합니다. 수소이든 산소이든 이것은 태양계가 가지고 있는 수소와 지구가 가지고 있는 산소도 원소로서 티끌이고, 그와 같은 모든 질료적 요소인, 현재 밝혀진 90여 개 원소들도 이와 같이 모두 티끌입니다. 이러한 한 티끌이 모여 우주를 이루었고, 그 한 티끌이 덩어리를 이루었으니 서로가 서로를 품었다 함입니다.

또한 우주의 위성들도 이 티끌과 같은 요소들을 모두 가지고 있습니다. 하지만 산소의 양이 적어서, 충분한 물의 양이 되지 않아 대기권이 형성되지 않으니 온도가 유지되지 않아 생명 유지가 어려운 문제가 될 뿐이지, 그러한 요소가 다 있다는 과학적 증거입니다. 그리하여 이 티끌에 의하여 시방세계의 가시적 현상의 세계도 나타나는 것이고, 그것이 생겼다 없어지기도 하는 과정이 우주공간에서 일어나고 있다는 것을 발견하고 이처럼 표현한 것입니다.

일체진중역여시 一切塵中亦如是

위와 같은 의미로서 '모든 티끌 하나하나가 모두 이와 같다.'란 의미입니다. 일체는 개체를 품었고 개체는 일체를 이루었으니, 역시 같은 성질이 된다는 의미입니다.

무량원겁즉일념 일념즉시무량겁
無量遠劫卽一念 一念卽時無量劫

무량원겁즉일념無量遠劫卽一念

이 글의 문자적 해석은 간단합니다. 일념이 되고 나면 무량원겁이 찰나이다란 뜻인데, 이것은 무슨 의미인가? 체득이 아니고서는 설명이 어려운 그야말로 장님이 코끼리 잔등 만지는 격이 되고야 말지요.

우리의 생은 수억 겁을 윤회하며 살아오는 동안 업이 누적되어 있습니다. 그 업의 누적이 곧 DNA로서 증명되고 있습니다. 사람의 세포핵뿐만 아니라 식물, 동물, 토양에 묻혀 있는 미생물 등 다양한 분야의 세포핵을 분석하여 그 시대의 환경까지도 과학들은 분석해 내고 있습니다.

이것이 모두 자외선이란 태양의 에너지가 이러한 정보를 각 세포에 각인해 놓는 역할을 하고 있는 것입니다. 이와 같이 사람의 세포핵 안에도 업이라고 하는 마음의 파장이 기록되어 남아 있는데, 이것이 시간과 공간도 함께 기억한다는 것입니다.

업(망상)이 있을 때는 마음의 파장이 그것을 기억하므로 시공이 생기게 되고, 시간이 늘어져 있으므로 전기가 흐를 때 저항이 발생하듯 열이 발생하고, 흐름이 느리고, 이러한 것들이 모두 빛의 작용에 의하여 우리 인체에도 작용하게 됩니다.

저의 체험을 빌리자면, 정진 중 선정에서 갑자기 빛의 레드홀에 빠져 들어가 영화 속 한 장면 같은 현실에서 둥근 긴 터널 같은 공간으로 순간적으로 훅! 하고 광속과 같은 속도로 빨려 들어가서(시공을 지남) 전생이란 것을 체험할 때(이것은 광속으로 빛 속에 빨려 들어가는 시간적 현상입니다) 그 당시의(업이 형성된 시공간 상태) 마음 상태가 영상으로 투영되는데, 그것을 또 화두라는 현재의식으로 관하게 되노라면(관조, 쪼이다) 마음은 그때의 상태로 돌아가 슬퍼도 하고 기뻐도 했던 망상들을 지켜보면서 당시의 감정으로 눈물도 흘리고 행복하기도 했었습니다.

　바로 전전생은 울산의 어느 김씨 가문의 고대광실 부잣집에 동자로 태어나 색동저고리에 마당에서 제기차기 놀이를 하는 행복했던 소년기로 살았던 때이며, 성장하여 독립운동을 하느라 군복을 입은 독립군으로 중국벌판으로 헤매며 살았던 슬픈 과정, 결국은 7명의 동료들과 체포된 채 총살로 생을 다하고 관 속에 있는 나를 바라보고 눈물도 흘려 보았습니다. 그때 관통했던 왼쪽 가슴의 통증을 그대로 느끼고 있습니다. 지금 현재도 선정에서 그 통증을 관하여 치료하고 그러는 가운데 그 광경을 화두로 계속 관하고 있노라면 차츰차츰 희미해져 가면서 그 업식이 사라져 감을 느낍니다. 별도의 마음을 다시 의식하지 않는다 하더라도 오로지 화두만 관하고 놓지 않고 있노라면 또다시 자동으로 반복해서 더 깊은 곳으로 다시 빨려 들어가 2생 전이라고 느껴지는 영상이 다시 올라옵니다. 한국의 어느 어려운 가정에 치마저고리를 입은 여성으로 태어나 아이들을 가르치는 선생님이 되었으나, 나중에 수녀가 되어 수행자로 살았던 그런 생이었습니다. 또 다시 빨려 들어가 보니 3생 전에는 유고슬라비아에서 카타리나란 이름을 가진 아름다운 여성으로 태어나 성당을 다니며 아이들을 가르치는 행복했던 어린 시절을 보내고, 성인이 된 그녀는 영화배우라는 화려했던 생을 거쳐 말년을 쓸쓸하게 살면서 생을 마감했던 과정이 떠올랐습니다. 또 엄청난 시간을 빨려 들어가 4생 전으로 넘어가니 작은 쌍둥이 동자를 안은 스카프를 쓴 한 여인이 야단법석을 깔아놓은 큰 절간 앞에서 한 큰스님에게 쌍둥이를 출가시키는 장면이 나타났습니다. 동진 출가하며 슬퍼했던 그때의 감정으로 눈물을 흘렸고, 당시 출가 때의 큰스님을 아버지라고 불렀는데, 지금은 특별히 그분의 명예에 누가 될 것 같아 밝히기는 어려우나 지금도 불교계에 현존하시는 큰스님이십니다.

그러면서 성장하여 큰 수행자로 살면서 행복했던 시절은 그 선정에서도 떠나고 싶지 않은 시절이었던 것 같습니다. 그 전생이 사라질 즈음 갑자기 횡 하니 빨려 들어간 곳이 마침내 대광명지였으니 참으로 고요하고 적적한 곳이었으며 행복한 곳이었습니다. 한참을 머물더니 모든 잔상이 물러가고 차츰 감각의 세계로 다시 돌아왔는데, 그러는 중에도 화두란 의식은 계속 놓지 않았던 것입니다. 이러한 경계는 산사에서 화두를 잡기 시작한 지 1년여 남짓 되던 때에 체험했던 것으로, 후에 제 과거 생을 잠시 정리해 보니 4생 전은 동진 출가하여 큰 수행자로 행복했던 시절을 살았던 적도 있었지만, 동진 출가로 인한 어머니에 대한 집착과 여성에 대한 집착이 남아 있었던 것 같습니다. 그리하여 그 원이 있었던 과보로 그 다음 생은 아리따운 여성의 몸을 받았고, 또 수행자의 습이 있었으니 가톨릭이지만 종교적인 삶을 살았고, 수행도 했으니 복도 있어 화려

174

하고 유명한 삶도 살았던 것 같습니다. 그러나 그 삶에서 그 복을 누리기만 했지 다 쓰고 나니 후반기 인생이 쓸쓸했고, 그 다음 몸을 여자의 몸으로 쓸쓸하게 받아 다시 수행자인 수녀로 살게 되었고, 그 공덕으로 다음은 어느 다복한 가정에 태어났었나 봅니다. 다복 했지만 바탕에 있던 종교적 의협심이 독립을 위해 만주를 떠돌게 하였고, 그 당시 많은 동료들의 생명을 잃게 한 과보도 떠안고 이생에 오게 되었으며, 이 수행정진을 하면서 눈에 보이지 않는 많은 일들이 제 몸에 과보로 남은 것이 태생적 혈류장애인 것으로 여겨집니다.

이와 같이 레드홀 현상이 4차례 반복한 후에는 레드홀의 현상까지도 사라지고, 시공이 붙어버린 것 같은 느낌으로 마침내는 초발심시변정각과 같이 여태까지 내가 뭘(공부) 했다고 상을 일으키던 허상까지도 사라지고, 처음 발심했던 그 상태로 돌아온 느낌이 들기 시작했습니다. 그리고 끝내는 시간과 공간의 개념도 사라져서, 현실에서는 시간과 날짜에 대한 개념도 사라지고 오고 가는 것에도 감각이 둔해지고, 여태까지 뭘 했지?란 생각까지 들고, 갑자기 뭘 했다고 한 것들까지도 모두 놓아지게 되고, 한 것도 없고 할 것도 없어져버린 휑한 마음으로, 한편 멍해지는 느낌에 빠져버리는 것이었습니다.

이것이 곧 업이라는 마음의 망상을(무의식) 안고 살아갈 땐 몇 겁이 될지는 모르겠지만, 그 시간과 공간이 존재하는 것처럼 살다가 한순간 일념이 된다는 것은 모든 망상이 사라진다는 것, 마치 펴져 있던 업과 같은 합죽선 주름 부채가 단번에 접히니 그 시공이 없어진 것과 같이 그 망상이 잡고 있던 시간과 공간이(무의식계) 사라져 버리니, 무량원겁이 일념이 되는 순간 찰나가 되어버린다는 표현입니다.

구태여 이 체험을 설명한 것은 이 경의 이해를 돕기 위해 실재의 경험을 예로 든 것입니다. 하지만 이 경계가 반드시 여기 무량원겁 즉일념과 같은 경계인 것은 아닙니다. 다만 그와 유사한 과정의 경계를 설명하려 예를 든 것입니다. 이후에도 그 환희심을 누르고 정진을 계속하다 보니 더 높은 경계를 이루게 되고, 그제야 아! 하며 이것이 정각에 다가가는 길목이었다는 것을 스스로 알게 됩니다. 이렇듯 정진 중 어떤 경계에 부딪히더라도 환희심을 누르고 끊임없이 정진의 끈을 놓지 않다 보면 모든 것이 보이게 됩니다. 이는 마치 등산을 할 때 정상이 아니라 할지라도 정상의 광경을 모르기 때문에 높이마다 보이는 광경이 다 정상인 걸로 착각하여 놀라워 하는 것과 같습니다. 이처럼 잘못 판단하여 조금 색다른 경계에 환희심을 내다 보면 자칫 자기도취에 빠져 정진을 그르칠 수 있습니다. 또 한 가지는, 이러한 현상이 항상 누구에게나 일어날 수 있는 경계도 아닐 것이며, 경계가 완만하게 일어날 경우 이러한 현상이 나타나지 않을 수도 있고, 꽉 막혔던 화두가 한 번에 터지는 다양한 예가 있을 수 있으니 오해는 없으시길 바랍니다. 이런 현상은 참으로 체득이 아니고서는 완전한 이해가 불가한 일들입니다.

구세십세호상즉 잉불잡란격별성
九世十世互相卽 仍不雜亂隔別成

구세십세호상즉九世十世互相卽

과거(과거·현재·미래), 현재(과거·현재·미래), 미래(과거·현재·미래)와 같이 과거에도 과거·현재·미래가, 현재에도 과거·현재·미래가, 미래에도 과거·현재·미래가 있는 것을 9세라 합니다. 10세란 마음 세계(9세)가 내 마음 안에 모두 일어나는 것입니다. 이것이 곧 '상호 같다(互相卽)'란 뜻은 과거의 내가 몰랐던 전생이 현재의 내가 사는 과보의 모습이고, 현재의 내가 어떻게 사는가의 모습을 잘 관찰하면 미래, 나아가 다음 생에 어떻게 될 것인가를 알 수 있다는 의미이기도 합니다. 그런데 하나 덧붙이고 싶은 말은, 옛날 농경 사회에서는 잘 살든 못 살든 대부분 한곳에 나서 한곳에서 죽으니 인과란 생을 바꿔야만 그 과보를 받았는데, 현대 정보화 사회에서는 통신·교통 등 모든 시스템이 스피드화 되어 있습니다. 지금 내가 내뱉은 말 한마디가 세계 어느 곳에서든 전달이 되어 그 결과가 나에게 당장 돌아옵니다. 마음에 심어둘 시간도 없이 바로 인과가 돌아옵니다. 마음과 마음의 쌓임으로 그 파장에 의해 인과의 과보를 받게 되나, 요즘 사회는 그 인과응보의 연결 고리를 통신이나 교통이 대신하고 있다고 보아도 좋을 듯합니다. 또한 사람 삶의 흥망성쇠가 사람과 사람의 만남이라는 연에 의하여 일어나게 되니, 그것이 바로 인연입니다. 그 인연은 꼭 유유상종한다는 이치이니 도를 공부하는 수행자는 어느 것 하나 소홀히 할 수가 없습니다.

잉불잡란격별성 仍不雜亂隔別成

그러나 9세·10세의 과거나 현재가 섞여 있지 않고 구분이 되어 있다고 한 것은 무엇 때문일까요? 업의 체계가 마음 안에 혼재되어 혼잡한 것 같지만 '무량원겁즉일념'에서의 해석처럼 시간과 공간 속에 정연하게 정리되어 있다란 의미입니다.

초발심시변정각 생사열반상공화
初發心時便正覺 生死涅槃常共和

초발심시변정각初發心時便正覺

'무량원겁즉일념'으로 그 해석을 대신합니다.

업이란 본래 없는 것인데, 마음 안에 누적되어 온 무의식의 세계(아뢰야식)가 사라지고 나니 현재 삶의 생각으로 돌아온 것이라고 생각하면 될 것입니다. 체득이 아니고서는 참으로 어려운 이야기이긴 합니다.

생사열반상공화生死涅槃常共和

생사와 열반이 항상 같다. 이 또한 업식이 사라지고 지혜의 자리에서 보면 생사가 같고 열반이 다를 리 없습니다. 일념이 되어 우주와 내가 하나가 되고 나면, 들고 나고 하는 자리에서 보면 같은 자리이다란 뜻이 됩니다. 이 역시 무량원겁즉일념과 다르지 않습니다.

어떤 큰스님께서 어느 날 스님의 은사 스님과 법거량을 하셨습니다. 은사 스님이 "나를 어디서 처음 보았는가?" 하자 큰스님께서

"부처도 모르는 자리에서 보았습니다."라고 했습니다. 이 말씀은 부처도 아니요 부처 아닌 곳도 아닌 자리란 뜻으로, 유무가 드나드는 자리란 뜻도 되고 생사와 열반이 같은 자리란 뜻도 됩니다.

들고 나고 하는 자리와 생사 열반이 상공하다는 자리는 진공묘유로서 집 안팎을 드나드는 대문과도 같다 해도 의미가 통할 것입니다.

이사명연무분별 시불보현대인경
理事冥然無分別 十佛普賢大人境

이사명연무분별理事冥然無分別

깨달음(이치)과 현실이 분별이 없으니 삶이 여여하다는 의미입니다.

여기에서 좀 더 심도 있게 접근한다면, 중생의 삶이란 일반적으로 마음이 생활에 끄달리어 일희일비하고 화내고 짜증내는 등 희로애락의 삶을 살아갑니다. 그렇다면 깨달은 삶이란 어떤 것인가? 깨달은 삶이란 여여하여야 합니다. 그 여여함이란 희로애락에 끄달리지 않는 삶이 되겠습니다. 어떤 삶인가? 이런 자리란 이미 육신의 문이 다 열려 있으니 마음에 걸림이 없다, 또는 걸림이 없으니 담담하다(無心, 淡淡)는 것입니다.

여기서 무심을 좀 더 인체 과학적으로 풀어봅시다. 마음이 육신을 넘어섰다고도 하는데, 이 뜻은 수행정진에서의 정진精進이란 몸이 진화하여 나아간다란 뜻도 됩니다. 하여 육신의 진화란 육체의 순환기가 기경혈맥氣莖血脈이 순연하여 피부의 모세혈관까지도 산소를 받아들일 만큼 인체가 생리적으로 모두 변해 있으므로 심화가 일어날 여지가 없이 정화되어 순환하게 됩니다. 그러므로 외부 감각에 의하여 화가 일어날 여지가 없고, 마음이 일어났다 하더라도 머물지 않고 바로 사라지게 됨을 알고, 그렇게 되니 마음에 쌓임이 없어 마음의 동요가 일어나지 않기 때문에 마음의 흔들림이 없고, 따라서 여여하다는 의미가 됩니다. 그렇다면 이런 이치만으로도 공부인은 스스로 자기 자신에 대한 정진 척도의 점검이 가능합니다.

예를 들어 누군가가 나에게 거슬리는 말을 해서 속이 상했다고 가정하면 그 마음이 얼마나 내 안에 머물며, 또는 그 사람을 오랫동안 미워하는 마음이 얼마나 오래 머무르는가? 등을 관찰함으로써 스스로 마음의 정화능력이 얼마나 발전했는가를 점검하다 보면 참선의 경지가 스스로 점검이 가능해집니다. 이것이 참선을 지어 가며 나타나는 보람이고 공덕이 됩니다. 또 이것이 참선의 궁극적 목표가 아닌가요? 행복한 마음을 얻는 것…… 이렇듯 사람이기 때문에 아무리 공부인이라도 완전한 정각이 아닌 다음에야 왜 마음이 안 일어나겠습니까? 그러나 그것이 얼마나 마음에 머무느냐? 하는 것은 그 자신의 마음의 정화능력이니, 즉 공부인 스스로 도량의 척도이기도 하고. 생활의 이익이기도 합니다.

시불보현대인경十佛普賢大人境
부처와 보현보살과 같은 경계이니 삶이 다 그와 같다란 뜻입니다.

180

능인해인삼매중 번출여의불사의
能仁海印三昧中 繁出如意不思議

능인해인삼매중能仁海印三昧中

능인能仁은 부처님을 말합니다. 부처님이 해인삼매 선정에 들어 바다에 무한한 내용이 다 비추어진, 조용하지만 깊이를 알 수 없고, 또 그 가운데에 나타나지 않은 것이 없이 무궁무진한 그런 삼매를 해인삼매라 합니다.

번출여의불사의繁出如意不思議

번출여의란 깨달은 사람의 자비는 안에 가두어 둘 수 없는, 그래서 끊임없이 분출하는 샘물과도 같고 향기와도 같다는 것입니다. 다른 표현으로는 자석의 자장이 피어나듯 하여 그 자비를 베풀어야 하는데, 그것은 가르침을 말합니다. 불사의란 그 가르침의 자비가 의지대로 할 수 없이 넘쳐난다 함입니다.

우보익생만허공 중생수기득이익
雨寶益生滿虛空 衆生隨器得利益

우보익생만허공雨寶益生滿虛空

중생에 이익 되는 우주의 에너지는 하늘 가득 비처럼 내리니.

이 뜻은 연기와 인연법을 내포하고 있음이며, 만법귀일萬法歸一이니 일체 또한 만법으로 나투고, 이것이 나투는 이치는 제망찰해와 같은 인연법에 의하여 나투게 되어 있다는 말입니다.

중생수기득이익衆生隨器得利益
중생들은 자기 그릇 따라 이 복을 받네!
　이 우주에 가득한 에너지는 위에서 말씀드린 성품性品의 격格에
따라, 다른 말로는 덕德의 그릇만큼 복福으로, 제망찰해와 같은 인
연법에 의하여 나투게 된다는 이치입니다.

　　　시고행자환본제 파식망상필부득
　　　是故行者還本際 叵息妄想必不得

시고행자환본제是故行者還本際
이러하니 수행자는 초심으로 돌아가.

파식망상필부득叵息妄想必不得
망상을 쉬지 않곤 얻을 길이 달리 없다란 뜻이 됩니다.

　　　무연선교착여의 귀가수분득자량
　　　無緣善巧捉如意 歸家隨分得資糧

무연선교착여의無緣善巧捉如意
인연 짓지 아니한 좋은 방편 마음대로 쓰게 되니.
　이리저리 잡념망상이 엉클어짐이 없이, 분별이 사라진 마음으로

나투어 중생의 세계에서 그대로 여의如意 부처님의 세계를 이루게
된다는 말입니다.

귀가수분득자량歸家隨分得資糧

깨달음의 집에 돌아가서 분수에 따라서 공덕을 얻는다.

자기의 본래 성품을 보면(귀가) 실천행을 통해 공덕을 쌓아서(수
분) 그에 걸맞은 복덕 자량을 얻는다(득자량: 재물이든 행복이든)는
말입니다.

보살도의 삶을 살면 자량을 쌓아 회향함으로 온 세상을 법으로써
장엄할 수 있다는 의미입니다.

이다라니무진보 장엄법계실보전
以陀羅尼無盡寶 莊嚴法界實寶殿

이다라니무진보以陀羅尼無盡寶

깨침에서 나오는 무궁무진한 보배인(무진보) 화엄법문으로(以陀羅
尼)

장엄법계실보전莊嚴法界實寶殿

화엄법계를 장엄하고 거룩하게 만드네(부처세계·중생세계·국토세
계).

궁좌실제중도상 구래부동명위불
窮坐實際中道床 舊來不動名爲佛

궁좌실제중도상窮坐實際中道床

결국은 중도 자리에(열반이나 생사에 얽매임이 없이 초월하여 자유자재하는 자리) 들어가서.

구래부동명위불舊來不動名爲佛

예부터 여러 모양으로 나투어 왔지만 지금 여기 성불의 그대로가 바로 부처일세.

위에서 살펴본 법성게는 결국 참선이든 염불선이든 그 어떤 수행정진이라 하더라도 궁극에는 이 깨달음에 들어가는 목표를 위해 많은 불자님들이 밤낮없이 제방선원에서 혹은 가정에서 시간들을 쪼개어 가며 애를 쓰고 있는 이유이기도 합니다.

어찌하였든 그 깨달음이란 중도 자리를 깨닫는 것인데, 그 중도란 우리의 삶에서 어떤 것인가? 너무 열반을 성취한다는 생각도, 생사를 초월한다는 생각도 모두 욕심에 얽매이면 삶이 초췌해집니다. 그야말로 있는 그대로, 어느 것에의 집착을 벗어나는 것이라 보입니다. 다만 열심히 성심성의껏 지극히 행하면서, 가고 있는 길 위에서 게으름 없이 오롯이 자기의 갈 길을 바르게 가고 있노라면 그 길에 인연된 만큼 살게 될 것이라는 것은 확고히 말씀드릴 수 있다고 생각합니다.

우보익생만허공 중생수기득이익
雨寶益生滿虛空 衆生隨器得利益

　이와 같이 자기가 한 만큼 그 그릇만큼 복을 받으니, 재가 수행 살이 순이익이란 그때그때 수행공덕만큼 삶으로 금방금방 되돌아오니 그 이익만 하더라도 복밭에 사는 것이라고 단언할 수 있습니다. 깨달은 후에야 얻는 것이 아니라 한 만큼 바로바로 그 이익이 돌아오니, 그것만으로도 삶을 순탄하게 하고 삶의 이익이 된다는 말씀입니다. 아무리 경전에 해박하다 한들 실천하지 않는 삶은 알음알이가 되어 별 이익이 없고, 좌복에 아무리 오래 앉아 있다 하더라도 졸고 나면 허망하고, 화두를 요리조리 따지다가 시간만 지나고 나니 허망합니다. 화두를 제대로 잡고 한 시간을 하더라도 하늘을 뚫을 것 같은 꼿꼿함이 살아 있다면 차라리 큰 이익이 되니, 비록 깨달음에 이르지 못하더라도 중생의 삶이 이만하면 여여한 것 아닌가요? 화두 공부는 비우는 공부입니다. 뭘 해달라고 구원하는 기도와는 차별이 됩니다. 기도는 자칫 욕심으로 떨어질 수 있지만, 화두 공부는 원하든 안 원하든 마음 세계 안에서 필요에 따라 인연되어집니다. 그냥 화두만 열심히 하면 됩니다. 그러면 마음 세계에서 필요에 따라 채워집니다. 그렇다고 넘치지도 않습니다. 공부를 이루어 가는 데 장애가 안 될 만큼만 모자람도 과함도 없이 자연스레 이루어집니다. 다만 제대로 수행의 길만 오롯이 잘 가고 있다면……

16. 계율

도인은 스스로 계율인 자이며, 중생은 그 계율을 스며들게 하는 자이다!

이 말씀은 깨달음이란 스스로를 발견하는 것이란 의미입니다. 부처님은 처음부터 계를 수지하시고 수행하신 분이 아니셨습니다. 수행 후 깨달아 보니 다섯 계율을 경계하면 신구의 身口意가 맑아지고, 거기에 의하여 깨달음에 가까워진다는 것을 발견하신 것입니다. 여기에서 필자의 재가 수행을 통해서 스스로 터득한 경험을 말씀드리려 합니다.

어쩌면 재가 수행자로서 계율에는 좀 더 자유로울 수 있었던 것은 사실입니다. 첫 산사 수행생활을 통해 계율에 엄격하게 의지하여 정진을 함으로써 더욱 그 차이가 있음을 실감했는지도 모릅니다. 수행의 단계에서 마음이 맑아지면 맑아진 육신은 탁한 것이 몸에 들어오는 것에 점점 불편함을 느끼게 됩니다. 예를 들면 식사를 무겁게(많이) 하면 혼탁해지니 졸음이 엄습하여 육신과 정신을 괴롭히고, 탁한 음식(고기 등등 소화에 부담이 많이 되는 음식) 또한 탁해지니 맛있는 음식을 취하는 즐거움보다 졸음이 더 괴로우니 육신 스스로가 거부하게 되어 싫어하게 됩니다. 술 등은 혈관 확장을 초래하여 정진 후유증이 더 많아서 몸이 괴로우니 거부하게 되고, 육신을 맑고 깨끗하게 유지할수록 화두가 또렷하니 그 행복감이 육신이 좋아하는 음식을 취해서 얻는 즐거움보다 더 좋고, 육류나 오신채는 육신을 장하게 하니 잡념이 생겨 정진을 방해하는 등등 정진에 장애가 되므로 서서히 그러한 음식을 싫어하게 되니 계율이 스스로 만들어짐이요, 도둑질이든 거짓말이든 의意를 더럽히는 것이니 뜻이 탁해지면 신(神: 뇌)이 어두워져 신身도 어두워지니 정진에 장애가 일어나 스스로 알아차리게 되어 싫어지게 되고, 살생은 무엇인가를 죽이려면 이미 내 마음이 죽게 되는 만큼의 동요가 일어나게 되어 이미 의意에 장애가 일어나고, 의意는 신神을 어둡게 해서 신身을 탁하게 하니 싫어하는 마음이 생김은 더 말할 것도 없고. 더 나아가 마음이 자꾸 맑아져 갈수록 자비한 마음이 생기生起하므로 스스로 경계를 이루게 됩니다.

진심(瞋心: 화냄)을 내고 나면 확연히 정진에 장애가 일어남을 알아차리니 스스로 싫어집니다. 마지막으로 간음은, 굳이 간음이라 표현하지 않더라도 재가인들은 꼭 알아 두어야 할 사항입니다. 출가자의 입장에서 바라보면 간음입니다. 그러나 재가자는 자연법 안에 이미 용인된 계율로서 인류 보존을 위한, 그러므로 부처님 법에서도 허용한 계율입니다. 그렇다 할지라도 오롯이 수행하는 것과는 분명 다르다는 것을 이해하셔야 합니다. 수행자는 수행이 깊어지면 마음과 마음도 유통합니다. 에너지의 파장은 공간에서도 교류가 되듯 육신과 육신의 교류는 더 강한 에너지로 주고받게 됩니다. 비유를 하자면, 커피 잔과 순수한 물 잔 둘을 섞으면 맑은 물 잔의 물은 연한 커피로 변합니다. 다시 한쪽은 수행을 하여 순수한 물로 맑아지지만 다른 한쪽은 옅어진 커피 그대로 유지한다고 가정하면, 맑은 물 잔에 다시 커피 잔을 섞게 되면 커피 잔은 점점 맑은 물과 같아집니다. 우리의 육신도 이와 같은 원리로 닮아 갑니다. 이러한 원리이니 재가 수행자는 어쩌면 두 몫의 정진을 해야 하는지도 모릅니다.

하물며 어느 한쪽이 계율을 어기면 이는 한쪽만의 것이 아니라 양쪽이 다 영향을 받게 됨을 각별히 유념해야 할 경계입니다. 어쩌면 재가인에게는 최상위 경계의 계율인 것입니다. 그리고 더 나아가 기멸심起滅心이 생기므로 근기가 약하면 더 이상의 정진도 요원해질 수 있습니다.

17. 참선과 위빠사나의 고찰

화두 참선

화두 참선이 유사 이래로 수행법으로서 가장 수승한 수행법이란 것에는 한 치의 오차도 없습니다. 그러나 근래에 들어 일부에서는 마치 화두 참선이 부작용을 초래하는 수행 방법이라는 둥, 많은 시간을 투자했지만 그만한 성과가 없다는 둥 부작용에 대한 불만들이 여기저기서 나오기 시작했습니다. 심지어 출가수행자들까지도 동남아 불교국가에 원정하여 위빠사나 수행을 하고 위빠사나가 참선보다 수승하다는 둥 일부의 반란이 일어나고 있는 실정입니다.

또한 조계종단 내에서조차 참선 수행에 대한 일부 부정적인 견해가 일어나기 시작했다는 것은 부정하지 못할 것입니다. 마치 선방에 앉아 수행하는 것이 놀고먹는 것처럼 비하되기도 합니다. 필자의 안목으로는, 그 이유가 점점 전통 선맥이 약화되어 간다는 것에는 전적으로 동의하는 바입니다. 그 서슬 퍼렇던 전통 선맥이 물질문명의 발전 혜택으로 탁발이 없어지고, 간절함이 약해지고, 혜안은 점점 줄어들고, 존경받던 선맥이 추락하여 가고, 덕이 부족하다 보니 권위적으로 되어가고, 그 권위를 인정할 수 없으니 종사들의 반발이 일어나서 선종의 위기감까지 느끼게 되는 지경까지 오지 않았나 생각합니다.

그러하다 보니 참선, 즉 화두 수행의 권위가 땅에 떨어지고, 이제는 우리의 전통 선 수행 방법까지 의심을 받게 되는 지경에까지 이르러 동남아까지 원정 출가가 늘고 위빠사나 수행이 더 수승하다는 등의 반론이 팽배해져 갑니다. 물론 위빠사나 수행 방법이 나쁘다는 것은 아닙니다. 그러나 화두 수행을 제대로 해보지도 않고 알지도 못하면서 위빠사나가 더 수승하다 하고, 마치 위빠사나 수행을 하면 그냥 한숨에 깨달을 수 있는 것처럼 여기는 풍조가 심해지니, 한국불교의 미래가 걱정되는 형국입니다.

다만 꽉 막힌 듯 지루하고 갑갑한 화두 정진보다 그래도 사이사이 점검을 통해 진전의 여부를 확인하고 단계별 점검을 통하여 레벨화하고, 완전한 단계가 아니라 할지라도 정진의 레벨을 점검받음으로써 나름의 수행 진척을 점검받는다는 차원에서 위빠사나는 화두 정진과는 매우 비교될 만합니다. 그러나 또한 위빠사나의 단점이 없는 것은 아닙니다. 부처님 시대처럼 중생의 근기가 수승하였을 시대에는 바로 이러한 수행이 가능하였을 것이라고 보입니다. 즉 위빠사나란 의식의 집중을 놓치지 않고 신구의身口意의 움직임을 관찰하고, 의식을 놓치지 않는 동안에 차츰 번뇌가 사라짐을 바라본다는 수행이니, 화두 정진의 행주좌와 어묵동정과 무엇이 다르겠습니까?

그리고 레벨 별로 받는 점검이라 할지라도 그것은 꾸준한 상태의 근기나 진전된 상태라고 보기도 어렵습니다. 즉 의식 집중이 잘될 때도 있고 안 될 때도 있고 그러다 또 퇴보하기도 하고 느닷없이 확 뛰어버리기도 하는 이러한 의식 상태를, 꾸준히 점검받았던 단계로 유지될 수 있는 것만도 아니란 것입니다. 잘못하면 수행자의 성향에 따라 깊은 경지의 수행까지 들어가는 데 문제가 되는 부작용을 낳기도 합니다. 어느 쪽이든 그 점검을 하는 사람의 안목도 무엇보다도 중요한 일이기도 합니다.

그래서 화두 정진도 너무 깨달음에만 몰두하는 전통 보수적 방법에서 좀 더 진보적 개선이 있어야겠다는 생각을 많이 하게 되었습니다. 그중에 가장 시급한 것은 화두 정진의 핵심인 의정을 일으켜서 실제 화두를 들 수 있도록 지도하고 점검해야 하는 것이라고 생각합니다. 이것이 화두 정진 수행의 핵심입니다. 지금 출가·재가를 막론하고 제방 선원에서 애쓰고 수행정진하시는 많은 분들이 실제 의정을 동반한 화두를 하고 있는지 의문이 듭니다. 의정이 들려 있는 상태라면 절대 졸리지도 않고 졸 수도 없습니다.

그리고 몸이 굳지도 않습니다. 오히려 잠을 자고 나면 몸이 찌뿌둥해도 좌복에 앉으면 몸이 다 풀려 나갑니다. 심지어 잠을 잘 자지 못해서 결린 부분이 생겼다 하더라도 화두 의정이 제대로 살아 있으면 다 풀려 나가게 되어 있습니다. 실제 화두의 의정을 들고 정진을 할 수만 있다면 그 다음은 열심히 하지 말라고 해도 놓지 못할 것입니다. 그 맛을 제대로 보지 못한 분들이 화두 수행을 비방합니다. 서툰 목수가 연장 타령 하듯 말입니다.

제 경험에 의하면 의정을 일으키게 하는 것은, 마음이 조용해지면 자연히 의정이 일어나는 분들도 계시겠지만 그렇지 못한 분들이 더 많을 줄 압니다. 그리고 『아함경』에 보면 부처님 시절에도 호흡관을 말씀하셨습니다. 즉 인위적 호흡이 아니라 자연적으로, 인체가 요구하는 대로 호흡에 맞추어 의식이 따라가는 일명 부처님 호흡법이라고 하는 수행법을 설하셨습니다.

그러다 마음이 조용해지면 의정도 자연히 따라올 수 있도록 초심자에겐 관을 위주로 합니다. 이 같은 수행법은 위빠사나와 다를 바가 없습니다. 다만 고정된 의식관이냐, 아니면 변화하는 의식을 따라 놓치지 않고 집중해 낼 수 있느냐의 차이인데, 그것 또한 화두선에서도 이미 수용되어 있습니다. 움직이는 관이란 다음과 같습니다. 가령 화두를 관하고 있는 찰나에 어떤 소리나 냄새 등 화두 중에 발생되는 외부의 감각, 소리, 냄새 등 그 어떤 외부적 감각에 대하여 그때그때 화두를 올라오는 감각에 들이대고 감각관을 하게 되면 그 감각이 사라져 감을 발견하게 됩니다. 이것이 능숙해지면 어떤 생각이나 화두 이외의 감각이 올라오면 화두에 의하여 곧 사라져 가게 되는데, 그러다 보면 나중에는 자동적으로 그 감각과 함께 화두가 있는 것을 바라보게 되며, 그것마저도 바라본다는 생각 없이 한 생각 바꾸면 그런 소리나 감각에 마음이 관여하지 않게 되므로 화두 정진이 수승하게 나아가게 되는 마음의 변화를 바라보게 됩니다. 그 모든 수행 방법이 화두선 안에 이미 다 녹아 있는데, 위빠사나를 수행하시는 분들이 화두 수행에 대한 맛을 잘 모르고 하시는 소리라 생각합니다.

현재도 초심 때부터 필자가 의정 잡는 법을 조언해드린 분들 가운데 정진을 깊이 잘하고 계신 분들이 실재합니다. 옆 좌복에 같이 정진을 하며 그때그때의 상태를 점검해 보면서 조언을 한 결과, 재가에서도 상당한 깊이에 와 계신 분들도 있습니다.

이와 같이 화두의 의정을 일으키게 하는, 즉 화두 정진 점검 프로그램을 프로그램화하고 레벨화해서 점검 프로그램을 개발할 필요가 있다고 여겨집니다. 물론 여기에는 선지식의 혜안으로 체계적으로 해야 할 것입니다. 한 번의 안거만이라도 이렇게 하고 나면 깊이까지는 아닐지라도 화두의 의정이 무엇인지, 또 그것을 어떻게 발전시키는지를 스스로 체득할 수 있을 것이라고 생각합니다. 물론 일률적인 것은 아닙니다. 그 근기에 따라 좀 더 디테일할 필요는 있습니다.

또 화두의 의정이 잘 안 잡히는 분들은 꼭 화두만 고집하시는 것보다는 염불이나 혹은 백팔배를 함께 병행하는 프로그램을 진행해야 합니다. 백팔배와 염불과 화두가 다르지 않습니다. 그런데 예로부터 화두 정진은 마치 상근기만 하는 수행인 것처럼 인식되어 와서 필자가 백팔배나 염불 수행을 하고 있으면 마치 하근기인 것처럼 자존심이 상해하는 분들이 계십니다만, 이는 전혀 그렇지 않습니다. 오히려 재가 수행자들은 현실생활이 복잡할 땐 백팔배나 염불정진이 단기적으로는 더 수승합니다. 그 이유는 복잡한 생활을 병행할 땐 생활 속의 갖가지 번뇌를 강제로 안정시켜 나가는 효과적인 방법이 백팔배이며 염불이기도 하기 때문입니다.

이 수행은 단전호흡과 같은 원리로 되어 있어 인체를 강제 순환

시킬 수 있는 방편이 훨씬 마음을 안정시켜 가는 데 더 효과적입니다. 그래서 마음이 좀 더 안정되어 들어가면 화두가 오히려 잘 들리게 되기 때문입니다. 이것은 체험에서 오는 것들입니다. 초심자 시절에 산골짜기에서 졸리고 힘이 들 때 백팔배를 하거나 경전을 소리 내서 읽거나 염불을 힘 있게 하는 것이 오히려 화두 정진을 도와주는 방법이기도 하였습니다. 뜻 모를 화두만 들고 좌복에 앉아만 있다고 해결되는 문제가 절대 아니란 것을 분명히 알아야 합니다.

한편 다른 방향에서 화두 수행의 논제를 삼는다면, 이제 시대가 변했고 환경도 변했습니다. 인도에서 달마대사로 넘어오면서 면벽수행·묵조선·화두선 등 그 시대에 맞는 방편으로 변모되어 왔으며, 화두 수행 방편도 지금 환경에서는 이젠 이 시대에 맞는 진보적 방향으로 진화해야 한다고 생각합니다.

그런 시각에서 말씀드리면, 첫째로 금세기에 와서는 산업 발달과 경제 발달로 물질문명이 선진국 대열에 와 있습니다. 육신과 정신의 간절함이 어렵게 살던 시대와는 완전히 달라졌습니다. 어렵던 시절에는 간절함이 저절로 일어나기도 했고, 또 이 수행이 그것을 해결하는 방편이기도 했었던 시대였기도 했으니까요.

그런데 현대는 생활이 편해지고 간절함이 뭔지도 잘 모르겠는데 자꾸 간절함을 일으킨다는 것이 어쩌면 더 어려운 일이 될지도 모르겠습니다. 물론 근기에 따라서는 자기 삶의 철학과 고도의 가치관에 따라서 그 간절함이 어쩌면 저절로 생기되는 사람들도 있겠지요.

그러나 종교나 수행이 어떤 특정한 근기의 사람들만 제도하는 방편이어서는 안 된다고 여겨집니다. 이러한 시점에 어쩌면 위빠사나는 의식 집중을 통하여 나아가는 방편 수행이어서 보편타당한 수행 방편이라고 여겨지기도 합니다. 그러다 보니 화두의 그 어려운 의정을 들기가 어렵게 여겨지는 문제이기도 합니다.

물론 깊은 경지의 깨달음에 나아가기 위한 방편으로서 화두 정진은 두말할 여지도 없고, 그렇다고 화두 수행이라고 해서 의식 집중 수행이 안 되는 건 아닙니다. 화두 수행 역시 초기에는 호흡관에 의하여 의식 집중이 일어나서 마음이 안정되어 가면, 그 다음 단계에 의정이 잡힌다는 것에는 이론의 여지가 없음을 인정합니다. 그러나 이러한 이해는 완숙단계에 들어가야 느낄 수 있는 것이고, 초심자들에게는 어려운 일이긴 합니다. 때에 따라서는 이 단계를 두 단계만이라도 분리를 해서 지도할 필요가 있다고 여실히 느끼기도 합니다.

어떻든 지금도 많은 선지식들이 나름 많은 애를 쓰고 계시고 그런 사찰들도 있습니다. 다만 지도하시는 분들의 혜안이 문제이기도 하고, 너무 대중 지도에 의존하고 있어 개인적인 살핌이 부족하여 시행착오가 많이 있기도 합니다. 우선 그것이 제대로 되려면 중생의 근기를 보아 헤아려 지도를 해야 하는데 그것이 어렵다 보니 무조건 화두만 내려주고, 받는 사람도 그렇고 화두를 내리는 분들도 너무 무책임한 것이 아닌가? 하는 생각이 듭니다. 화두는 꼭 자기를 헤아릴 수 있는 선지식으로부터 받아야 합니다. 선지식을 스승으로 모시고 단계 단계마다 점검을 받아가며 바로 가고 있는지를 점검받아야 제대로 된 문으로 들어설 수 있기 때문입니다.

위빠사나(冥想)

위빠사나는 사실적 진실한 모습을 본다, 혹은 분석해서 본다는 뜻입니다. 여기서 분석이라는 말의 의미는 편견이 없이 있는 그대로 자체를 본다는 뜻입니다. 즉 한 대상에 집중하여 고요한 상태를 얻은 후에 끊임없이 변화하며 생성 소멸하는 대상을 그대로 관찰하는 수행을 말합니다. 이것은 붓다가 깨달음을 얻은 수행법으로서 원시 불교적 수행 방법입니다. 현재는 주로 남방불교로 전래되어 전통이 이어지고 있습니다.

남방불교에서는 전통불교에 근거하여 붓다의 수행법을 보존하고 발전시켜 왔다는 그들의 자부심이 있습니다. 달마로부터 중국으로 전래된 선불교는 묵조선으로부터 화두 참선으로 발전되었으며, 대승불교의 전통 선 수행법으로 정착되었습니다. 대승불교가 일어난 후 위빠사나를 소승의 수행법이라고 폄하하는 경향이 있지만, 깊이 헤아리고 체험하면 사실 화두 참선과 다르지 않습니다. 이를 간략하게 정리하면 다음과 같습니다.

(아래는 위빠사나 수행에 대한 간단한 설명이다.)

● 위빠사나 수행

화두 참선 역시 초심에서는 마음을 안정시키는 단계에서 호흡법을 가르친다. 즉 수식관이다. 다음 단계로 의식관으로 화두에 집중하면서 호흡과 일치시킨다. 다음으로 마음이 안정 단계에 들어가면 의정이 뜨게 되고, 이 의정이 호흡을 이끌어 가고, 이 호흡은 다시 화두를 이끌게 되고, 화두는 다시 의정을 이끌어 가면서 점점 더 발전하다 보면 어느 것이 먼저라 할 것 없이 삼위일체가 된다. 밥솥에 밥이 되어 가듯 서로 섞여 끓게 되면 곧 밥이 다 지어지듯, 어묵동정 행주좌와가 순행하게 되면 의단 덩어리가 뭉쳐져 결국은 터져 버리게 될 때 깨달음에 이르게 된다.

위빠사나 수행법의 초심 단계에서는 사마타 수행법을 우선하여 지止를 닦아 마음을 안정시키는 수행, 즉 선정을 닦는 수행을 위주로 한다. 그 다음 단계로 관觀을 닦는데, 이는 지혜로 나아가는 단계로 위빠사나 수행이라 부른다. 즉 현재의 모든 감각을 놓지 않고 의식관에 집중하여 끝내는 지혜의 문을 여는 단계로 나아가는 수행법으로서, 이 단계는 화두선의 어묵동정 행주좌와와 같은 단계이며, 숨을 쉬고 살아 있는 일상 자체가 깨어 있는 수행이 되는 것이다. 결론적으로 이 둘의 수행법이 다르지 않다는 것은, 제대로 화두 참선을 체득하면 참선의 화두관과 위빠사나의 의식관이 다르지 않다는 것을 진정 체험하게 될 것이다.

위빠사나는 산스크리트어로 '위(Vi)'와 '빠사나(Passana)'란 두 개의 단어가 결합하여 만들어진 단어이다. 위(Vi)는 '모든 것'·'다양한'·'전체'란 뜻이고, 빠사나(Passana)는 '꿰뚫어보다'·'바로 알다'라는 뜻으로, '위빠사나'란 '모든 것을 이해하고 꿰뚫어보다'는 말이라고 할 수 있다.

위빠사나 수행의 특성은 우선 현재적 감각에 집중하고 있다는 점을 들 수 있다. 예컨대 호흡에 마음을 집중하는 경우, 호흡이야말로 현재의 순간에 생기고 사라지고 하는 현재적 감각에 충실하다. 호흡에 집중하는 것만으로도 바로 지금 이 자리를 벗어나지 않는 선정이 되는 것이다.

현존재가 당면하고 있는 괴로움을 벗기 위하여 필요한 것은 괴로움의 원인이자 그 구조에 대한 이해이기 때문이다. 그렇기 때문에 명상의 대상은 반드시 구체적으로 경험되는 대상이 되어야 한다. 있는 그대로의 실상을 관찰하여 일체의 사물이 무상하고, 무아이며, 따라서 괴로움이라는 것을 직관해 내는 것이 이 수행의 핵심이다. 이때 직관을 가능하게 하는 것은 물론 대상에 대한 명확한 인지이다.

경전에서 말하고 있는 위빠사나의 대상은 몸, 감각, 마음, 생각의 대상 등 네 가지이다. 그 어떤 경우에도 현재 순간에 일어나고 있는 하나의 현상에 마음을 집중하여 붓다가 가르친 바 사물의 진실한 모습을 관찰하는 것이다. 위빠사나 수행법의 장점은 우선 일상생활을 영위하면서도 수행할 수 있다는 것이다. 모든 언어와 동작이 수행의 대상이 될 수 있기 때문이다. 구체적으로는 어떤 현상에건 반드시 하나의 대상에 마음을 집중한다. 무슨 걱정거리가 생각나면 그 걱정거리에만 마음을 집중한다. 망상이 떠오르면 망상에 집중하고, 기특한 생각이 나면 기특한 생각에 마음을 모은다. 좋은 것이든 궂은 것이든 영속하는 것은 없고 끊임없이 찰나마다 생성 소멸하는 현상이 있을 뿐이다. 그러다가 걷거나 눕거나 무엇을 잡거나 어떤 동작을 취하게 되면 그 동작의 극히 미세한 부분까지 자각할 수 있게 마음을 집중한다. 다시 말해서 우리가 일상생활을 깨어 있는 정신으로 영위하면서 할 수 있는 수행이 위빠사나이다. 과거도 없고 미래도 없는 영원한 현재에 일어나는 현상에 간단없이(끊어짐이 없이) 마음을 모아 삼매가 굳고 깊어지면 더욱 미세한 생성과 소멸의 모습을 관찰할 수 있을 만큼 마음의 응집력이 강화되어 일순간에 깨달음을 얻을 수 있는 계기가 마련되는 것이다. 이와 같이 화두선의 행주좌와 어묵동정과 다를 바가 없다는 것이다.

● 의의

위빠사나란 무엇인가. 우리에게 다소 생소한 느낌을 주는 이 명칭이 국내에 본격적으로 유입되기 시작한 것은 1990년대이다. 많은 한국인 수행자들이 미얀마 등 남방의 불교 국가에 건너가 이것을 배워 왔고, 자신들의 수행 체험을 주변에 알리는 가운데 위빠사나라는 명칭을 각인시켰다. 이 명상은 몸과 마음에서 일어나는 제반 현상을 그때그때 알아차리고 관찰하는 것을 특징으로 하며, 초기 경전에 나타나는 사념처 수행을 실제적인 내용으로 한다.

사념처는 신념처身念處, 수념처受念處, 심념처心念處, 법념처法念處의 네 가지를 말한다.

①신념처: 몸의 성질과 모습이 허공과 같다고 관하는 것이니, 이것이 이름하여 신념처(身念處, mindfulness of the body)라고 한다. 몸에 대한 마음챙김 명상이다. 참선 중에 호흡의 수를 세는 수식관이 신념처에 해당한다. 수식관은 석가모니께서 평생 수행하고, 제자들에게 가르쳤던 참선법이다.

②수념처: 몸에 어떤 느낌이 있을 때 이 느낌이 몸이나 몸 바깥에

있지도 않고 중간에 머물지도 않음을 관하는 것이니, 이것을 이름하여 수념처(受念處, mindfulness of feelings or sensations)라고 한다. 느낌에 대한 마음챙김 명상이다.

③심념처: 마음에 일어나는 생각은 단지 고정된 개념으로 명자라는 사실을 관하는 것이니, 이 명자의 성품에서 벗어나는 것을 이름하여 심념처(心念處, mindfulness of mind or consciousness)라고 한다. 마음에 대한 마음챙김 명상이다.

④법념처: 중생의 마음에 일어나는 일체 법은 좋은 법도 좋지 않은 법도 얻을 수 없다는 사실을 관하는 것이니, 이것을 이름하여 법념처(法念處, mindfulness of dhammās)라고 한다. 법(불교)에 대한 마음챙김 명상이다. 석가모니가 설법에 사용했던 언어인 팔리어로는 담마(dhammā)에 대한 사띠(sati) 수행이라 말한다.

법념처에서 법은 오개, 오온, 육처, 칠각지, 사성제를 의미한다. 법은 알아차릴 대상이면서 그 자체가 진리이다.

동북아시아의 대승불교권에서는 이 방법이 간화선이라는 독자적인 수행법에 가려져 잠시 망각되었다. 그러나 동남아시아의 상좌부 불교권에서는 이것을 붓다가 직접 개발하고 유포한 명상으로 믿으며 계승해 오고 있다. 대승불교의 영향 아래에 있는 한국에서 위빠사나는 이질적인 느낌을 줄 수 있다. 그러나 이것은 초기불교 이래의 전통적인 명상 기법을 가리킨다는 점에 유념할 필요가 있다. 위빠사나로 대변되는 붓다의 가르침은 오로지 있는 그대로만을 관찰, 자각케 한다는 점에 특징이 있다. 이것을 통해 우리는 제반 현상을 사실대로 수용하고 통찰하게 되며, 종국에 이르러서는 그것의 참된 모습을 깨닫게 된다.

궁극의 목표로 제시되는 열반의 경지는 바로 이러한 과정의 연장으로 이해할 수 있다. 성숙된 위빠사나를 통해 우리는 편견과 왜곡으로부터 벗어난 투명한 눈으로 사물의 참 모습을 바라볼 수 있게 된다. 즉 내면의 번뇌에 영향을 받지 않게 되는 것이다. 따라서 위빠사나는 '탐냄, 성냄, 어리석음의 소멸'로 정의되는 열반의 경지와 그대로 통해 있다.

● 역사

현상을 통찰하는 남방 수행법 불교는 깨침과 닦음의 종교이다. 2,500년 전 부다가야의 보리수 아래에서 새벽별을 보고 이룬 부처님의 큰 깨침은 불교의 처음이요 끝이다. 그 깨친 바 진리를 풀어놓은 것이 불교의 모든 것이며, 그것들을 통하여 모든 사람들이 그 깨침에 돌아가려는 것이 부처님의 가르침이기 때문이다.

이러한 깨침의 종교인 불교는 단순한 이론이나 지적인 이해가 아니라 깨침을 향한 실천, 즉 닦음을 요청한다. 따라서 진정한 불교인은 쉼 없는 닦음을 통해 날로 새로워지지 않으면 아니 된다. 모든 사람은 스스로의 실천과 노력을 통하여 깨침에 이를 수 있다고 보기 때문이다. 돌아가시기 직전 제자들에게 "너 자신을 등불 삼고 진리를 등불 삼아 열심히 정진하라."는 부처님의 마지막 당부도 이러한 불교적 실천, 닦음의 성격을 잘 나타낸다.

이러한 불교적 닦음의 구체적 내용이 그 유명한 '여덟 가지 바른 실천', 즉 팔정도八正道이다. 일체의 모든 괴로움으로부터 벗어나 열반(涅槃: nirvāṇa니르바나)에 이르기 위하여 '바른 견해, 바른 사유, 바른 말, 바른 행동, 바른 생활, 바른 정진, 바른 관찰, 바른 선정'의 여덟 가지 실천이 필요하다는 것이다. 이 여덟 가지 바른 실천이야말로 모든 불교적 실천의 원형이다. 마음공부를 기본으로 하는 선 또한 그 연원을 이 가운데서 찾지 않으면 아니 된다.

팔정도 가운데서 특히 마음 닦는 선법의 기본이 되는 실천은 바른 관찰과 바른 선정, 즉 정념正念과 정정正定의 두 가지이다. 정정은 마음을 하나 되게 하는 삼매의 훈련이며, 정념은 마음을 밝게 하여 비추어 보는 것이다. 즉 지관止觀이라고 할 때 지는 정정, 관은 정념을 가리킨다. 대승불교, 특히 중국에서 발달된 선 역시 그 뿌리를 정념과 정정의 실천에서 찾지 않으면 아니 된다. 선 역시 근본불교의 실천이 발달하고 변형된 것이기 때문이다. 위빠사나에 내재된 선의 성격, 즉 위빠사나 선이란 어떠한 실천인가? 위빠사나란 관觀, 즉 밝게 본다는 뜻으로 념(念, Sati)과 통하는 말이다. 따라서 위빠사나 선은 정념의 실천을 가르친다. 정념은 우리나라에서 팔정도의 다른 실천인 정사正思와 혼동되고 있지만, 행동하기 전의 사유를 가르치는 정사와는 전혀 다르다. 정념의 념, 즉 관은 마음이 밝게 비추어 봄을 말한다. 영어로는 'mindful하다, aware한다'는 상태로 표현되고 있다. 따라서 위빠사나의 봄은 순일한 그저 봄을 가리킨다고나 할까. 이 실천법은 부처님께서 가장 강조하신 마음공부로 지금까지 남방불교의 여러 나라에 전승되어 왔으며, 근래에는 미국을 위시한 서양에도 보급되어 널리 실천되고 있다.

● 호흡

인도의 요가와 중국의 단전호흡에서는 호흡을 매우 중요시한다. 우파니샤드 시대 이래 인도의 모든 종교에서는 깨달음의 수단으로 요가를 주장하며, 석가모니께서 수식법을 했다는 것도 요가 명상을 한 것이다. 고대 인도인들은 숨인 '프라나(prana: 힌두 철학에서 모든 생명체를 존재하게 하는 힘)'를 생명의 기운, 생명 그 자체, 우주의 근본 원리라고 보았다. 『리그베다』의 「푸루샤 수크타」라는 찬가에는 푸루사(Purusa)의 숨으로부터 바람이 생겼다고 한다. 『우파니샤드』에서는 숨을 우주의 원리인 브라흐마와 아트만이라고 했다. 『아타르바베다』에는 숨이 세상의 지배자, 여신이라며 찬양하는 시가 있다.

이렇게 호흡을 절대시하는 사상적 전통은 인도만이 아니라 인도와 접경한 중국의 도교에서도 마찬가지로서, 단전호흡을 하면 신선이 되어 영원히 죽지 않는다고 한다. 이렇게 호흡을 대상으로 하는 수행은 다양한 수행 전통으로 존재한다. 하지만 부처님은 수식관 혹은 아나빠나사띠 그 자체에서 얻은 선정력만으로는 깨달음에 이를 수 없다고 판단하시고, 세상의 진리를 있는 그대로 보는 위빠사나를 최초로 시도하셨다. 그런데 일반적으로 지혜를 기르는 위빠사나 수행에는 사마타의 선정력이 기반이 되어야 한다. 아주 특이하게 호흡 수행, 즉 선정 수행 없이 위빠사나 수행만으로 깨달음에 이르는 경우도 있다. 결국 불교 수행은 계행을 철저하게 지키면서 호흡 수행 등 사마타 수행으로 선정을 닦은 후, 그 선정력으로 모든 것을 있는 그대로 보고 나와 세상에 대한 무명과 갈애를 타파하여 번뇌를 소멸하고 열반에 이르는 수행, 지혜를 기르는 위빠사나 수행을 하는 것이다.

불교 수행에서 호흡이란 지혜의 기반이 되는 선정을 기르기 위한 선정 수행의 대상이 된다. 물론 다른 종교에도 호흡 수행은 존재한다. 하지만 불교의 호흡 수행을 통한 선정과 다른 종교의 호흡 수행을 통한 선정은 다르다. 다른 종교의 호흡 수행은 수행을 통한 고요함과 선정으로 끝난다. 반면에 불교의 호흡 수행은 수행을 통해 얻은 고요함과 선정력이 갈애와 무명을 타파하고 깨달음에 이르게 하는 지혜로 전환되는 위빠사나 수행과 연결되는 정견正見의 메커니즘 속에서 이루어진다. 즉 이 전체 수행의 메커니즘은 철저하게 불교의 정견에 기반을 두고 행해진다. 그래서 불교에서는 바른 삼매(정견을 바탕에 둔 삼매)와 삿된 삼매(정견을 바탕으로 두지 않은 삼매)로 호흡 수행이나 기타 사마타 수행을 통한 삼매를 구분한다.

● 수행 방법

위빠사나에는 크게 두 가지 수행법이 있는데, 좌선과 행선이다.

좌선은 가부좌 상태로 앉아서 호흡에 집중하는 것이다. 즉 숨을 들이쉬고 내뱉을 때 배의 움직임에 집중하는 수행인데, 숨을 들이쉬어 배가 나올 때와 내뱉어 배가 들어갈 때를 관찰한다. 이렇게 관찰하다 보면 온갖 잡념이 생기고 몸이 쑤셔오는데, 그러면 그 부위에 집중한다. 잡념이나 아픔의 대상에 집중하다 보면 어느새 아픔이나 잡념이 사라진다. 이렇게 1시간 정도 좌선을 하고 다시 1시간 정도 행선을 반복한다.

경행은 좌선으로 굳어지거나 뭉쳐진 근육을 풀어 주는 수행법으로, 발바닥에 집중하는 것이다. 편하게 서서 손은 앞으로 모으거나 편하게 뒷짐을 진다. 전방을 보며 천천히 걸어가면서 발바닥의 움직임에 집중한다. 발을 옮길 때마다 발을 '듦, 나아감, 놓음'의 세 단계에 집중하면서 반복적으로 수행한다.

이상, 위빠사나 수행에 대한 간단한 설명이었습니다.

사마타

사마타 수행은 위빠사나 수행으로 나아가기 전 단계로서 지止를 닦는 수행이며, 까시나 수행이라 합니다.

● 까시나의 의미와 수행 종류

까시나(kasina)는 산스끄리뜨어 끄릇스나(krtsna)에 해당하는 빨리어입니다. 이 말은 '전체의·모든'이란 뜻입니다.

이것은 위빠사나 수행 중에 사마타 수행을 40분류로 구분한 수행입니다.

그러나 이것은 이론적 세부 분류이며, 이 중에서도 미얀마 현지의 전통 위빠사나 수련원인 '파욱선원' 같은 곳에서도 동질성이 있는 분류는 무시되고 약 20~24가지로 분류되어 수행을 해오고 있습니다.

이 중에서도 호흡법인 수식관(세부 분류16)을 위주로 수행하고 있는데, 일반적으로는 이 수식관만으로도 많은 시간이 소요됩니다. 그렇다 하더라도 그 과정에서만은 육체적 변화를 느끼게 될 것입니다. 이 또한 개인의 업력이나 근기에 따라 수행하는 기간이나 방법은 조금씩 달리할 수 있습니다.

1. 두루 채움(遍滿) 10가지: (사대) 지, 수, 화, 풍, (색) 청, 적, 황, 백, (무색) 빛, 공.
 - (사대) 자연을 살피고 땅의 구성, 물의 구성, 불의 구성, 바람의 구성 등 이 모든 것이 어디서 어떻게 왔는가를 살핌. (색) 색이 발생하는 원인을 살핌. (무색) 공과 빛의 생성의 원인을 살핌.

2. 더러움(不淨) 10가지: (주검) 부풀어짐, 검푸름, 부패, 흩어짐, 동물에 뜯어 먹힘, 분리 흩어짐, 흉기에 난도질, 피가 낭자, 부패 벌레, 해골.
 - (주검) 몸의 부정을 관찰하면 결국 몸을 부정하여 끝내는 텅 빔을 체험하고, 나아가 공과의 일체성을 체득하게 되는 원리.

3. 거듭 새김(隨念) 10가지: 불, 법, 승, 계, 보시, (믿음·지계·배움·베풂) 통찰지의 공덕. 적정. 죽음. 육신. 들숨 날숨.
 - 선정에 들기까지 거의 이 수행에 의존을 하게 됨.

4. 거룩한 머묾(梵住) 4가지: 자비, 연민, 동반 행복, 평화.
 - 선정 단계에 이르면 이 단계의 사유가 저절로 일어남.

5. 무색無色 4가지: 공무변처(진여), 식무변처(삼매 선정), 무소유처(선정), 비상비비상처(무색과 색계의 혼처지, 진공묘유처, 일심一心처).
 - 삼매 경지에서 닦는 수행.

6. 음식 혐오 인식(食厭想) 1가지: 음식 부정.
 - 중간 단계에서 식욕, 식탐의 경계에 이를 경우 마음을 항복받기 위한 수행.

7. 사대 요소 구분 1가지: 두루 채움과 겹침.

● **사마타 수행 방법**
예를 들어 사마타 수행 주제 중에서 지·수·화·풍 등의 두루 채움 수행을 하려는 수행자는 일정한 땅의 모양이나 이미지를 정해 놓고 실제로 보면서 마음을 집중합니다. 이렇게 마음을 집중하면 그 땅이나 이미지가 눈을 감아도 마치 눈을 뜨고 보는 것처럼 눈에 잔상으로 존재합니다. 그렇게 드러나는 표상을 익힌 표상(기억표상)이라고 합니다. 이렇게 익힌 표상이 나타나면 일정한 장소에서 각인된 표상이라는 대상에 계속 마음을 집중해야 합니다.
 그러나 이 상태가 지속되기도 전에 마음은 다른 생각, 즉 잡념이 생겨 장애가 생겨납니다. 그렇더라도 반복해서 그 상태를 기억하며 반복해서 애를 써야 합니다. 이것은 이미 각인된 잠재의식이거나 생활상의 잡념 등 이런 것들을 통틀어 탐·진·치에서 일어난 지난 일들이 무의식에 이미 각인되어 일어난 업이라는 것들입니다.

그러다 좀 되는가 싶으면 혼침이 엄습하여 어느 것 하나 제대로 할 수 없는 지경에 도달할 수도 있습니다. 그리하여 마음이 고요하지 못하고 산란하기도 합니다. 또는 살아오면서 잘못 말했거나 잘못 행동했던 것을 상기하면서 걱정하기도 합니다. 그러다 보면 지금 수행하고 있는 방법에 대해 '올바른 수행일까? 이익이 있을까? 특별한 법을 얻을 수 있을까?'라는 등으로 숙고하며 따지기도 합니다. 그것을 의심 장애라고 합니다.

이러한 장애들이 생겨날수록 그러한 것들에 생각이 따라가지 말고 즉시 마음을 원래의 대상에만 집중하여 지·수·화·풍 가운데 어느 것 하나에 계속 마음을 집중해야 합니다. 만약 표상이 사라지면 처음 대상의 이미지를 이전처럼 드러날 때까지 마음 집중하는 것을 반복해야 합니다.

이렇게 많이 마음을 집중하다 보면 대상이 밝고 깨끗하게 드러납니다. 그것을 닮은 표상이라고 합니다. 이때는 마음에서 감각·욕망·욕심 등의 장애들이 사라집니다. 닮은 표상이라는 대상에만 집중되어 고요하게 끊임없이 그렇게 고요하게 마음이 생겨나는 것을 근접삼매라고 합니다. 다만 이것은 글에서 잠깐 표현하는 것처럼 그렇게 잠깐의 노력과 시간에 일어나는 것이 아니란 것을 생각하셔야 합니다.

이 근접삼매 속에서 두루 채움의 닮은 표상에 끊임없이 마음을 기울이면 마음이 닮은 표상이라는 대상을 꿰뚫고 들어가는 것처럼 매우 집중되어 고요하게 생겨납니다. 이것을 몰입삼매라고 합니다.

● 삼매의 구분

초선정, 제2선정, 제3선정, 제4선정, 몰입삼매.

〈초선정의 구성요소〉

선정의 구성요소라 함은 대체적으로 그것을 이론화하여 구체적 설명을 하기 위한 분석이지 실재는 구분하기가 쉽지는 않습니다. 어느 날 사유가 깊어지면 갑자기 숨이 탁탁 막히는 회한의 눈물이 나기도, 행복한 마음이 넘쳐 눈물이 의지와 상관없이 흐르기도 하고 그 기쁨이 넘쳐나기도, 그래서 희열을 느끼기도 하는 등의 현상이 나타납니다. 이런 현상들을 통틀어 마음의 경계가 일어남이라 합니다(경계: 깨달음의 상태에서 보면 모든 일어나는 현상, 허상 등은 경계이다).

따라서 이러한 경계에 머물게 되면 이 또한 장애가 일어남이니, 어떤 곳에도 머물지 말고 벗어나야 마땅합니다.

사유: 대상을 사유함
고찰: 고찰함
희열: 만족함
행복: 행복함
마음이 하나 됨(一心): 대상에만 집중되어 고요함

초선정을 얻음이란 마음이 산란심이 사라지고 조용해진 상태를 말하며, 그러한 상태에서 대상을 사유하고 고찰하다 보면 희열과 행복이 올라오고 마음이 하나 되어 감을 느끼는 상태가 되며, 초선정(대상사유·고찰), 제2선정(희열), 제3선정(행복), 제4선정(일심)이 일어남을 알 수가 있습니다. 이는 집중이 순순히 잘되어 가는 상태를 말합니다. 물론 이 상태는 구분되어 나타나는 현상이 아니라 몇 시간, 며칠, 몇 달을 두고 일어날 수 있으니 욕심을 내지 말고 꾸준히 지극하게 수행해야 할 것입니다.

이상은 지·수·화·풍 중에 '지'의 한 가지 주제를 예를 들어 두루 채움 수행의 주제를 실천하는 방법과 네 가지 선정이 생겨나는 모습에 대한 설명이었습니다. 나머지 두루 채움 수행 주제 아홉 가지도 같은 방법으로 수행하시면 됩니다.

그렇다 하더라도 한 가지 주제를 힘들게 넘어서면 다음 주제는 점점 집중이 늘어나서 단계적 발전이 가속화될 수도 쉬워질 수도 있지만, 개인에 따라서 어떤 주제에는 큰 벽이 생겨서 넘지 못하는 장애가 발생할 수도, 시간이 많이 걸릴 수도 있다는 점을 상기해야 할 것입니다. 이는 각자의 업력에 따라 그 장애의 정도가 다를 수 있습니다.

〈위빠사나(명상)와 화두 참선 수행의 간략한 비교〉

명상冥想					화두 참선話頭參禪
선정 수행(사마타)	호흡관(아나빠나사띠)	1단계	편한 가부좌, 긴장 이완	수식관	명상수행과 동일
		2단계	잡념 단호히 단절, 번뇌 내려놓기		명상수행과 동일
		3단계	호흡 집중, 호흡 자각, 자연식에 집중		명상수행과 동일
		4단계	집중력 강화 50분~1시간 집중하기	호흡 화두	호흡과 화두 일치 수행 (아직 의정이 실리지 않더라도 꾸준히 노력)
		5단계	4대 요소 지·수·화·풍에 대한 사유		호흡·화두의 의심·의정의 삼합 수행
지혜 수행(위빠사나)	지혜 통찰 수행	1단계	정신·물질요소 분석	화두 의식관	의정이 현전하여 어묵동정 행주좌와 수행
		2단계	원인·조건분석 (12연기 분석)		안이비설신의 감각 화두 의정으로 직관하기
		3단계	이해		업·망상을 직관하면 사라짐을 알아차림
		4단계	생·멸 분석		망상과 화두가 구별되어 함께 존재함을 알아차림
		6단계	공포		화두의 의정이 존재하는 시간이 망상보다 길어짐
		7단계	위험		화두가 현전, 망상에 끌려가지 않음을 알아차림

	8단계	환멸		의정이 점점 뭉쳐져서 의단이 일어남을 알아차림
	9단계	해탈 염원		몸, 체가 우주 속 하나의 덩어리인 소우주임을 알아차림(의단)
	10단계	깊은 숙고		무중력의 공을 체험. 화두 타파. 모든 도리가 열리고 통찰됨
	11단계	상카라의 평온		화두의 의심은 사라지고 마음의 생멸을 관조
	12단계	부응(수순)		평온하고 진정한 중도의 내면의 행복을 느낌
	13단계	종성(혈통)	默想 통찰 수행	광범위한 생명체의 생멸의 이치를 꿰뚫어봄
	14단계	도		도에 들어 도리에 막힘이 없어짐
	15단계	과		의단마저도 깨져서 우주와 하나 됨
	16단계	반조		열반 반열의 구경열반을 얻게 됨
위의 분류는 이해를 돕기 위한 분류이며 각각의 구분이 명확하게 일어나는 것은 아니며, 높은 집중(선정삼매)에서 지혜 통찰이 한 번에 일어날 수도 있다. 그 다음 지혜로 꾸준히 통찰하므로 그 범위가 점점 확대되어 감으로써 끝내는 구경열반에 이르게 한다.				위의 분류 또한 단계별 나아감을 나열한 것일 뿐 명확한 구분은 아니다. 때로는 의정에서 의단으로 빠르게 진전되어 먼저 도리가 열리고 차츰 범위가 늘어나는 경우로 갈 수도 있다. (돈오돈수, 돈오점수의 현상)

18. 불교적 수행 정진과 인체 과학적 고찰

불경 독송과 염불의 공덕

앞서 살펴본 '지식과 지혜의 고찰'과 같이 불교를 공부하는 데는 교학적 수행과 선(염불선, 참선) 수행 두 방편이 있습니다. 먼저 경전에 의지하고 학문적 지식에 의지하여 실천하는 행을 통해 마음의 의식을 진화시켜 나아가 끝내는 지혜에 이르는 수행법과 염불선, 참선 등 마음을 닦아 마음자리를 바로 보는 깨달음에 이르게 되는 수행이 있으며, 이는 또한 자력과 타력으로서 염불선이나 독경과 같이 부처님 명호를 염송하여 의지해 닦는 방법과 직지인심直指心으로 마음을 직접 관하는 깨달음으로 나아가는 선 수행을 통해 끝내는 진리를 발견하는 수행법을 들 수 있습니다.

그렇다면 어떤 원리로서 염불선 혹은 참선을 하면 깨달음에 이르게 되는가?

마음을 닦는다는 것? 어찌해야 마음을 닦아 지혜를 밝힐 것인가?

라고 질문하시는 경우를 많이 봅니다. 그렇습니다. 마음의 실체를 모르는데 그것을 닦는다는 것 또한 어불성설일 수도 있지요.

마음이란? 구태여 규정하자면 '육신에 깃든 명命, 즉 정신精神 에너지인 동시에 생각을 만들어가는 주체'라고, 충분하지는 않지만 이렇게 규정하고 싶습니다.

염불은 유학자인 옛 선비가 책을 읽듯이, 스님이 목탁을 치면서 염불을 독송하듯이 스스로에게 뜻을 새기면서 소리를 내어 말하는 동안 스스로가 듣게 되고, 순간 알게 모르게 암시를 하게 되면서 각인이 되어갑니다. 그래서 언젠가는 저절로 알아듣게 되는데, 인간에게 그런 본성이 존재합니다.

그리고 다른 하나는 어쩌면 매우 과학적인 중요한 단서이기도 합니다. 그것은 호흡법입니다. 불경을 독송하는 동안 숨을 깊이 들이쉬고 내쉼을 반복하게 됩니다. 우리가 알든 모르든 그것은 곧 단전호흡이 됩니다. 단전호흡이란 예부터 우리 선인들이 마음을 맑히기 위해 해오던 수련 방법이기도 합니다.『아함경』에 보면 부처님 시절에도 부처님께서는 제자들에게 번뇌를 쉬고 마음을 고요히 하는 수행법으로서 호흡의 들이쉼과 내쉼을 관하는 방법을 설하셨습니다.

이와 같이 생각을 한곳에 염을 하고 염불을 하는 동안 인체는 단전호흡을 계속해서 하게 됩니다. 그러나 불교의 가르침 중에 어디에도 단전호흡이라는 용어는 잘 쓰지 않습니다. 중생의 근기가 미혹하여 또 그것이 잘못 해석될 여지가 있음을 염려함이라 여겨집니다. 부처님 호흡법이라고 하는 자연식 수행법이 있음에도 용어는 단전호흡이라고 하지는 않습니다. 다만 위빠사나 수행법 중에도 각 지역 혹은 스님의 성향에 따라 약간의 수행방식을 달리 하기도 합니다.

예를 들면 사마타 수행과 위빠사나 수행 중 초심자들에겐 사마타 수행법으로 우선 선정을 닦아 지혜 수행인 위빠사나를 닦게 되는데, 미얀마의 파욱·고엔카·순룬 등의 수행처에서는 주로 좌선을 위주로 수행을 하고, 마하시 선원에서는 좌선과 행선을 번갈아 수행합니다. 그런데 이 위빠사나 수행법도 초심자에겐 수식관을 위주로 의식 집중을 코에 두기도 단전에 두기도 하고, 그 발전과정을 점검하여 대상을 점차적으로 발전시킵니다. 이 과정을 통하여 마음이 안정되고 조용해지면 점점 내면의 움직임, 즉 의식의 움직임을 바라보면 위빠사나 수행으로 진전되는 절차로 진행된다는 측면에서 화두선과 전혀 다르지 않습니다. 화두 참선 역시 초심자는 수식관을 합니다. 이것이 발전하면 의식관으로 발전하여 화두 의정 단계로 나아가게 되는데, 어묵동정 행주좌와 수행이 곧 화두 참선인 것입니다.

이렇듯 염불 또한 단전호흡 수련과 다를 바 없습니다. 다만 집중력을 더 올리기 위해 염력을 모으도록 불보살님의 명호를 부르는 데 집중하도록 하는 것일 뿐입니다. 그래서 염불선이라 하며, 이는 오히려 산란심이 많은 상태에서는 약간의 강제성이 있으므로 더 효과적이라 할 수 있습니다.

단전호흡은 인체에 어떤 영향을 주게 되어 마음이 맑아지는가?

인체는 물이 70% 이상으로 구성되어 있는 한 덩어리의 물주머니입니다. 인체의 피가 전신으로 순환하면서 산소와 기타 영양분을 우리 몸 구석구석으로 공급하게 되고, 세포는 그 피의 공급을 통하여 생명을 유지하게 됩니다. 또 심장은 이 혈액을 원활하게 순환시키기 위해 펌프와 같은 작용을 하게 된다는 것은 누구나 다 아는 사실입니다. 그런데 이 심장을 제어하는 컨트롤 룸이 바로 뇌이고, 이 뇌는 쉴 사이 없이 생각과 번뇌가 올라오게 됩니다. 심지어 우리가 잠을 자는 사이에도 무의식 세계의 번뇌는 끊임없이 일어나고 있고 우리의 뇌는 쉬지 않고 일을 합니다.

그 쉬지 않는 번뇌(무의식의 업)는 우리가 알든 모르든 우리의 신경과 근육을 긴장하게 하고, 그리하여 혈액의 순환을 방해하고 있습니다. 그러다가 때때로 긴장하거나 화가 나면 가장 빠르게 근육이 위축되고, 심장은 혈액의 공급을 원활히 하기 위해 급히 빠르게 박동하게 되고, 심압이 올라가 심장에 다시 열이 발생하게 됩니다.

심압이 오르고 피가 뇌로 몰리게 되면 얼굴이 빨개지면서 이 열을 식히기 위해 인체는 자동적으로 심호흡을 하게 됩니다. 이것은 신장에서 그 피를 끌어내려서 식혀주는 작용을 하고, 다시 정제된 (차가워진) 혈액은 심장으로 빠르게 순환하면서 심화를 가라앉히게 되면서 마음이 시원해지며 화가 가라앉게 됩니다.

이 원리는 곧 물주머니의 물을 밑에서 꾹 쥐었다 놨다 하면 밑에 있는 물이 위로 밀려 올라가고 위의 물이 다시 밑으로 내려오고 하여 강제로 순환되는 것과 같이, 바로 우리 인체도 단전호흡을 하게 되면 신장을 압박하게 되어 신장의 차가워진 피가 위로 오르고 심장의 더운 피는 신장으로 끌어내리는 이와 같은 원리로 순환하게 되면서 심화를 끌어 내리므로 마음은 서서히 편안해지면서 맑아지게 되는 것입니다. 이때 생각을 한곳에 집중하여 번뇌를 줄이게 되면 더욱 그 효과가 배가됩니다. 그리고 일단 한곳에 집중하여 염송을 하여 생각을 줄이고 번뇌를 줄이고, 그리고 단전호흡까지 함께 하여 빠르게 번뇌와 마음을 안정시켜 맑힐 수 있는 것이 염불 수행법입니다.

이것은 염불 수행의 아주 기초적인 마음을 맑히는 수행법입니다.

그 예로 스님들의 염불 독송 영상을 잘 살펴보시기 바랍니다. 스님께서 독경을 하실 때 염불 읽는 동안 중간 중간 목탁을 치는 때가 호흡을 들이쉬는 때입니다. 즉 염불을 쭉 읽을 때는 호흡을 길게 내뱉고, 목탁을 치는 동안은 짧게 호흡을 들이쉬고를 반복하고 계시다는 것을 이제는 이해가 되실 것입니다.

이렇게 계속해서 염불을 독송하는 동안 내 귀는 내 소리에 귀를 기울이게 되고, 그에 따라 생각이 쉬게 되고, 염불을 하는 동안 복식호흡을 하게 되고 이것이 곧 번뇌를 줄어들게 하고, 호흡은 심화를 줄여주고 따라서 우리의 마음은 점점 편안해지면서 안정되어 갑니다.

그러나 이 수행은 여기에서 끝이 아닙니다. 고도의 수행으로 빠져 들어가게 되면 될수록 마음의 안정은 번뇌의 안정, 번뇌의 안정은 다시 모든 신(神: 뇌)의 신경이 안정되고, 이 신神이 안정되면 종합 컨트롤 센터는 근육의 이완으로 발전합니다. 신경과 근육의 이완은 다시 더 고도로 마음의 안정을 만들고, 이와 같이 서로 상승작용을 하게 되면서 마음은 자꾸자꾸 고도로 안정되어 가고, 마음의 안정은 다시 번뇌가 안정되어 갈 때쯤이면 모든 신경 경락과 근육 세포가 이완되면서 모세혈관까지 열어 주게 되고, 드디어 인체의 피부가 허파의 역할을 하게 되는 지경까지 가게 될 때 인체의 허파에서 산소를 받아들여 하는 호흡도 줄어들게 되는 현상을 발견하게 됩니다. 그러므로 호흡이 줄어든다는 이야기는 심장의 박동도 그만큼 줄어듦으로써 에너지의 소모가 줄어들고 끝내는 공과 일체감을 체험하게 되는데, 이것이 곧 염불삼매에 들어가는 현상을 맛보게 되는 것이고, 지혜의 문을 여는 초기 단계의 체험을 하게 되는 것입니다.

백팔배의 인체 과학적 공덕

우리는 일반적으로 참회공덕 수행을 백팔배라고 합니다. 그렇습니다. 불교 수행이 어떤 의미인지 잘 모르고 입문하는 초심자에게 백팔배는 참으로 빠른 길로 안내하는, 염불 수행에 버금가는 수행정진의 방편이기도 합니다.

그런데 꼭 이 수행이 참회 때만, 혹은 초심자들에게만 해당되는 수행 방편이 아니라는 것을 설명하려 합니다. 백팔배는 단기적으로 마음을 안정시키고 맑히는 가장 효과적인 수행 방편이자 아주 인체 과학적인 방편법이기 때문입니다. 따라서 생활 번뇌가 많은 재가자들에게 이 수행은 매우 효과적인 수행정진의 방편이라고 생각됩니다. 이 수행은 어쩌면 근기를 끌어올리고 고도의 참선 수행으로 나아가는 튼튼한 기초수행이라 보셔도 한 치의 오차도 없다는 것을 말씀드릴 수 있습니다. 마치 헬스클럽에서 운동 중에 웨이트 트레이닝을 하기 위해 서키트 트레이닝을 반드시 하듯이 말입니다.

염불 수행에서 이미 설명을 드린 것과 같이 인체는 물 기운으로 이루어져 있는 물주머니라 했습니다. 이 물주머니 같은 인체를 신장이 피를 맑혀서 올려주면 심장은 이것을 뇌와 전신에 순환을 해주는 역할을 합니다. 이와 같이 백팔배는 엎드렸다 일어섰다를 반복하는 사이 신장을 압박했다 풀었다 하는 역할을(호흡과 동반해서) 하게 됩니다. 그러는 동안 위에서 말씀드린 정화작용과 화를 식히는 역할을 동시에 하여 심장의 열을 끌어내려 주고 심화를 내려 주므로 뇌 혈류를 맑혀 주고 마음을 안정시켜 나가는, 어찌 보면 강제 순환 방식적인 수행정진입니다.

그런데 여기에서 함께 염송을 하므로 번뇌가 줄어들고 심화를 줄여 나가는 역할을 함께합니다. 이렇듯 염이란 번뇌를 줄여 주는 동시에 마음이 집중되어 갑니다. 상호 상승작용을 하게 되는 것이지요. 이때 기억해야 할 것은 마음 따로, 몸 따로라면 정진 효과는 떨어집니다. 그만큼 집중이 우선되어야 육체적 정진 효과가 배가되는 것이지요.

이와 같은 수행 방법을 참선과 비교하면, 참선은 이렇게 안정되어 있는 마음의 염력을 집중하여 화두 의정이라는 지팡이를 들고 업력을 멸해 나아가는 고도의 수행정진인데, 만약에 이 마음이 안정이 안 되어 있거나 산란하면 참선 수행이 제대로 될 수가 없는 것입니다.

따라서 참선이 잘 안 된다고 생각되거나 몸이 편하지 않을 때는 백팔배 혹은 염불정진을 단기적으로라도 해서 육체적 스트레스를 풀어주거나 염력을 끌어올려 주고 나면 참선 정진이 훨씬 수승해짐을 체험하실 수 있을 것입니다. 그래서 참선과 백팔배가 둘이 아니란 의미입니다.

필자의 경험에서도 산사에서 수행할 당시에 스님들께서도 참선을 하시는 사이사이 퇴굴심이 생기거나 정진이 잘 안 될 때는 일정 기간을 정해 놓고 백팔배 정진을 꾸준히 하시는 모습을 가끔 보았습니다.

예를 들면, 재가에서 불교에 대해서 잘 모르던 어느 한 분이 신심이 너무 돈독하여 출퇴근 전후로 꼭 백팔배를 다 채우지 않더라도 체력이 허용하는 한계대로 약 2년여를 쉬지 않고 꾸준히 하였던 것입니다. 물론 불교적 지식이 있었던 것도 아니고 정진이라 생각하고 한 것도 아니고, 그냥 하고 나니 몸과 마음이 편해지고 건강해지고 긍정적 마인드가 되고 하여 생활에 이익이 되니 그냥 집에서 꾸준히 했던 것입니다. 그런데 어느 날 참선을 하고 싶어 절에 오신 그분을 만나 이야기를 나눠 보니 신심이 대단해서, 참선 정진을 옆에 좌복에 같이 앉아 하면서 조언했습니다. 그러고 얼마 되지 않아 의정을 잡으며 결가부좌에 들어갔고, 너무 급속히 화두 정진이 발전하였고, 끝내는 직장을 포기하고 산으로 숨어들어 2년여 정진 끝에 힘을 얻었으며, 지금은 재가에서 업을 계속하면서 행복하게 수행을 하고 있는 분도 있습니다.

　이렇듯 화두 정진을 오래 했다고 꼭 빠른 길로 나아가는 것만은 아닙니다. 화두가 잘 안 될 때는 염불정진이든 백팔배이든 지극히 하다 보면 참선 정진을 수승하게 하는 밑거름이 되고, 어쩌면 업력을 빠르게 멸하는 지름길이 될 수도 있습니다. 참선을 하다가도 아주 강한 업식에 가려 화두 의정을 도저히 잡지 못하는 경우도 있습니다. 이러한 시름에 빠져들면 어쩌면 이생에 화두가 끝이 될 수도 있습니다. 이럴 때면 용맹심을 내서 백팔배로 싸움을 걸어야 합니다. 돌파될 때까지……

　또한 법력이 높으신 선지식을 친견하여 도움을 청하심도 좋을 듯합니다.

19. 천도재의 바른 의미와 이해

천도재란 돌아가신 영혼, 즉 영가를 모셔서 부처님 경문을 설하고 생전에 남아 있던 집착과 망령을 떨치고 좋은 곳(천상, 극락)으로 왕생할 수 있도록 인도하는 의식입니다.

인간의 삶이란 욕망의 굴레를 벗어나 있지 못합니다. 살아남기 위해서 항상 경쟁해야 하고, 약육강식의 세상에서 생존해야 하는 동안 악업은 자신도 모르게 자꾸자꾸 쌓여만 갑니다. 사람의 마음이란 맑히기는 힘들어도 어두워지기는 쉽습니다. 살아가는 그 자체가 악업이 늘면 늘었지 선업을 쌓기는 어렵습니다. 그래서 삶 자체에 악업이 쌓입니다. 그렇다 하더라도 개중에는 선업을 닦아 후생을 기약하기도, 이생에 그 복을 받기도 하는 일들이 주변에 실재하기도 합니다.

어떻든 그렇게 전생의 업을 받아 습생으로 와서 일생을 애만 쓰고 살다가 이 세상을 다하면 육신은 사대로 사라지지만, 정신세계는 지금까지 살던 습관대로 관성이 남아 이승에 남아 평소의 습관(업식)대로 하려 합니다.

물론 사람에 따라 서서히 늙어서 천명을 다하고 자손들 곁에서 여한이 없이 운명을 다하는 영혼은, 그동안 살아온 세월이 한이 있었든 없었든 서서히 자기 죽음을 받아들이고, 애착도 미움도 모두 내려놓고 마음의 집착들을 정리하고 여한 없이 돌아가시는 영혼은 돌아가신 후에 자손에겐 별 영향 없이 정신세계가 빨리 천도되어 흩어집니다.

그래서 조상이나 부모님이 늙어 병들어 병환에 있거나 임종할 때 지극히 정성을 다해야 합니다. 생전에 자손들에게 미안할 정도로 자손들이 지극하면 가시는 분들은 고맙고 미안해서 마음 정리를 하기가 매우 좋습니다. 이것이 살아생전에 해드리는 천도재로서 예수재라고도 합니다.

즉 돌아가신 후에 영혼을 위안하는 것은 천도재이고, 살아 계실 때 효를 다하여 부모님의 마음을 평안하게 해드리면 이것이 살아 계신 영혼을 천도하는 예수재와 다를 바가 없는 것입니다. 산 영혼을 천도하는 것보다 돌아가신 후 천도가 더 어려울 때도 있습니다.

그 반대로 자손과 떨어져서 보지도 만나지도 못하고 그리움만 가득히 애착을 남긴 삶이나, 전생의 악연으로 이생에 만나 평생을 원수처럼 살면서 오히려 원망을 더 만든 삶(원한)의 집착, 너무 사랑한 것도 애착이 되고 너무 미워한 것도 원한이 되니, 이 모두 마음에 쌓인 업과 집착이 됩니다. 더군다나 갑자기 사고 등으로 횡사를 할 경우에는 그 영혼은 자기 마음을 정리할 시간이 주어지지 않았기 때문에 생전의 관성이 그대로 남아 행동을 하려 합니다. 이런 경우는 더욱 강한 장애가 되어 주변에 인연된 인자를 만나면 빙의되어 극한적 장애를 일으키게 됩니다.

이와 같이 망자의 영혼이 자손이나 주변에 장애를 일으키게 되면 이 영혼을 설득하여 집착을 풀고 흐트러지게 하는 의식을 통틀어 천도재라 합니다. 돌아가신 날로부터 7일씩 49일 동안 지내는 49재, 돌아가신 후 일정 기간이 지난 망자는 일반 재가 있고, 병이나 사고 등 횡사로 인해 빙의된 경우의 천도재는 구병시식이라 하는 특별한 의식이 행해집니다. 이 모든 의식은 마음 세계에 일어나는 현상들입니다.

그렇다면 어떤 원리로 망자의 영혼, 즉 영가가 자손 혹은 주변에 영향을 주는가? 그 영가는 어떻게 존재하는가?

사실, 그 어떤 망자가 자손을 괴롭히고 해를 끼치려고 하겠습니까?

앞서 '윤회에 대한 과학적 이해'에서 이미 설명한 것처럼, 육신이 돌아가면 안이비설신의란 6입처는 사라져 사대로 흩어지지만, 그 정신세계는 색성향미촉법으로 축적되어진 망식(亡識: 영가)은 살아 있을 때 만들어진 업식에 따라 자기 몸이 없어진 줄도 모르고 생전의 그 업식의 관성(습관)에 따라 행동을 하려 합니다. 이것이 살아 있는 부모 혹은 자식에게 빙의되어 장애를 일으키기도 합니다.

모든 가족들은 나를 중심으로 존재합니다. 조상, 부모, 나, 자식, 이 직계들은 거의 99% 동일 유전자를 공유하고 있습니다. 그래서 조상이나 부모가 나이며, 내가 자식이고 손자라고 해도 과언이 아닙니다. 다만 분신일 뿐입니다.

한 가지 예를 들면, 공유되어 있는 인자로 인하여 발병한 부모로부터의 유전질환이 수행으로 퇴치되면 자식이 보유하던 원인유전인자도 사라지므로 함께 건강해지는 원리처럼 되는 것입니다. 그렇다고 이미 발병하여 깊어진 병이 치유된다는 것은 아니지만, 같은 치료를 한다 하더라도 원인이 사라진 뒤라면 치료효과가 더 상승하겠지요? 완전히 깊어진 병이 아니라면 말입니다.

이 이치 또한 연기에 의한 상대성 원리인 것입니다. 이것으로 인해 이것이 발생하고, 이것이 멸하면 이것 또한 멸하는 것이라 했습니다. 업식의 인연법칙이 이와 다르지 않습니다.

유전인자(업식)의 생멸법이 이러하니 결국은 내가 부모이고 조상이고 자식입니다. 모두가 나의 마음 안에서 작용하고 있으니 내 업식만 멸하면(성불) 아래위 9대가 맑아진다고 한 이야기가 바로 이와 같은 뜻을 내포하고 있습니다. 그러니 내 주변과 사회가 맑아지는 현상이 나타나는 게 아닌가요?

그래서 망식은, 몸은 사라졌지만 그 정신세계는 자손이나 혹은 형제자매의 세포핵에 그 인자가 공유되어 있다가, 인연이 있는 인자를 만나면 마음작용으로 발현하여 장애를 일으키게 되는 원리입니다.

그러면 이러한 장애를 어떻게 해결할 것인가?

보통의 우리 인간들은 정신세계가 어떤지를 잘 알지 못합니다. 그러나 모든 것이 마음 세계에서 일어나는 일입니다. 즉 망자의 망식이 내 세포에 공유되어 있습니다. 세포의 유전자에 있다는 것은 곧 내 마음에 있으니 내 마음으로 지극히 망자를 위해 기도하면 망자의 식이 맑아져서 집착을 풀고 천도되는 것입니다. 그러므로 내가 지극히 기도하고 수행정진하여 나를 맑히면 같은 유전인자를 공유한 모든 주변 인연이 맑아져서 망식은 망식대로 천도되고, 현생에 생존한 직계 인연들의 문제도 모두 그 근원이 해결됩니다.

그러나 망식은 이것으로 근원적 해결이 가능하지만 생존한 분들 각자는 이미 타고난 그 인연자로 인하여, 저마다 이생에 사는 동안 덧쌓인 업(이것으로 인하여 저것이 발생함, 상대성 원리)으로 인하여 완전한 업식 약분이 일어나지 않을 수도 있습니다.(직계, 비직계 주변 인연이나 가족 등) 지금까지 천도재가 어떠한 원리와 경로로 이루어지는가를 말씀드렸습니다.

그런데 보통사람들이 이렇게 하기란 그리 쉽지는 않습니다. 그렇지만 평소에 열심히 지극히 기도하고 수행생활을 하시면 그 안에서 위와 같이 된다는 것을 말씀드립니다.

전자가 스스로 치유하는 방법이라면, 지금 말씀드리는 방법은 타력의 힘을 빌려 문제를 해결하는 방법입니다. 마치 병이 든 환자가 혼자서 자기치유력으로 감당하기 힘든 병이라면 병원을 찾아가 의사로부터 병든 부위를 수술이든 약물치료든 치료를 받는 것처럼 말입니다.

그래서 사찰의 수행정진을 잘하셔서 득력이 있는 스님의 힘을 빌려 영가를 모셔서 부처님 경전을 염송하고 망령이 모든 집착을 내려놓고 빛으로 흩어져 천상이나 극락에 왕생하기를 기원하고 기도하는 의식이 천도재입니다.

물론 이 의식이 그런 원리이긴 하나, 업식의 완전 소멸과 같은 뜻은 아니며 그렇게 할 수도 없습니다. 그래서 진정한 천도재란 그리 간단하고 아무나 막 할 수 있는 것이 아닙니다. 마치 수술을 맡은 집도 의사의 능력에 따라 결과가 다르듯이, 인턴 수준도 안 되는 의사가 의대를 나왔다고 다 집도할 수 있는 의사가 아니듯, 거기다가 무속인을 통하는 의식은 인턴 수준도 안 되는 간호사가 집도하는 격이니 결과는 기대하기가 더욱 그렇습니다.

사찰의 스님들께서는 극락세계를 관장하는 아미타부처님 전에 고하고 지장보살님을 청하여 지극히 기도 올리며 영가의 극락왕생을 기원 드립니다. 다만 스님이라 할지라도 수행의 도력에 따라 결과는 달라질 수 있으니 잘 살펴야 합니다.

결국은 천도의 원리란 모두 마음 안에서 이루어지는 것인데, 그 마음 세계가 높은 수준의 수행을 하신 분이 아니고서는 제대로 된 의식이 안 될 수도 있습니다. 마치 영가들을 모셔놓고 음식을 대접하는 수준 정도에 끝나는 정도로 그칠 수도 있습니다. 염불을 할 때의 원리도 그러합니다. 집도하는 자가 불경의 뜻을 모두 이해하고 받아들여 집도자의 마음 자체가 감화가 일어날 정도가 돼야 그 소화된 불경 내용으로 지극하게 염송함으로써 감응이 된 영가들이 그 불경에 감화되어 정화가 일어나게 되는데, 그냥 염송이 염송으로 끝나면 이는 영가들에게 큰 감화가 일어날 수가 없으니 결과는 기대하기 힘들겠지요. 어찌됐건 천도재의 진정한 효과를 보기 위해서는 집도자에게 높은 수준의 염력이 요구되는 것입니다.

20. 종교와 불교

종교는 자연에 대응하는 인간 능력 한계에 대한 두려움으로서 초
월적 세계에 대한 동경과 의지에 의하여 본능적으로 나타난, 인류
의 발생과 아울러 존재해온 가치체계라고 말할 수 있습니다.

문명사회로의 진입에 있어 인간 본질에 대한 성찰이 일어나고,
사회를 통합하고 통치하기 위한 사상이 다양하게 일어나면서 보다
체계화된 사상들이 정립되어 인간 삶의 질을 향상시켜 왔습니다.
그리고 그 진리에 순응함으로써 행복을 누릴 수 있게 발전되고 현
대화된 종교의 맥을 이루게 되는데, 이러한 종교의 힘을 통치수단
으로 이용한 종교 국가가 성립되기도 하며, 국가의 권력이 쇠하면
종교 또한 멸하는 과정은 종교의 부정적인 면이기도 하였습니다.
하지만 이것이 국가권력의 수단으로 이용된 가치 이면에는 긍정적
인 면 또한 부정할 수만은 없을 것입니다.

이와 같이 원시 신앙과 종교는 시대를 거치면서 삶의 한 부분으
로서 자연스럽게 변화되어 왔음을 알 수가 있습니다.

인류가 존재하는 한 종교는 사라질 수 없으며, 이것은 곧 인간의

과거와 현재와 미래의 불확실한 삶에 대한 두려움의 의지처로서 본능적 활동이라 할 수 있을 것입니다. 종교는 인간의 궁극적 행복을 추구해 가는 근본 이치를 제시한다는 측면이 강합니다. 각 종교에 따라 그 방편의 차이와 개인의 차이(性의 格)에 따라 그 제시를 얼마나 심오하게 받아들여 깨우치느냐 하는 차이는 있겠지만, 그것은 본질적으로는 그렇게 큰 문제는 아니며 얼마나 지극히 노력하느냐 하는 정도의 차이일 수도 있을 것입니다.

과학문명의 발달로 인간의 이기적 물질주의가 팽배해 가는 현대 사회에서는 더더욱 종교의 필요성이 제기되는 시기임을 실감합니다. 과거 종교 국가나 사회에서는 인간의 생활 규범을 종교로써 계도하거나 통제 기능으로써 그 역할을 해 왔거나, 또는 윤리 도덕을 중시하여 불문율로서 개인과 사회, 나아가 국가를 운영하는 기능을 담당하기도 하였습니다.

불교 사회나 유교 사회의 교육은 참 인간을 배우고 도리道理를 배우는 공부工夫였다고 한다면, 현대사회의 교육은 문명사회를 살아가는 데 필요한 기능적 지식만 주입해 옴으로써 과학적 지식문명을 통해 육체적 고를 해결하는 데 기여하는 것으로 간주되고 있습니다. 그러다 보니 인간이 사람답게 사는 인간성 교육, 즉 가치 교육은 점점 약해져 가면서 인간의 마음이 사악해져 감으로써 사회악이 팽배해 가고, 물질적인 것에 치우친 행복감은 또 다른 위해의 변수가 되어 가고 있음을 안타깝게 생각하지 않을 수 없습니다.

또한 과학문명의 발전은 육체적 삶의 고통에서 점점 해방시켜 주고 있지만, 이에 따라 자만해지는 인간의 이기심 때문에 또 다른 정신적 고통에 빠져 있는 현대인의 의지처로서 불교의 사회성은 지대하다고 생각됩니다. 인간의 욕망은 끝이 없기 때문입니다!

물론 과학문명이 꼭 배척해야 할 가치는 아닙니다. 이 또한 삶의 가치를 윤택하게 해주는 것으로 우리 삶과 불가분의 관계라는 것 또한 불교의 모든 경전들은 설하고 있습니다.

불교를 정의한다면 '불교는 인간성人間性 회복의 길이다!'라고 말할 수 있을 것입니다. 이는 곧 생명의 근원을 깨닫는다는 뜻이기도 합니다.

그러므로 '불교는 인간 생명의 본질, 즉 생명의 근원을 발견하고 회복하는 길을 가르친다.'라고 정의될 수 있겠습니다. 종교는 철학적 논리나 과학적 실체를 넘어서 형이상의 세계를 추구합니다. 그러므로 믿음이 전제되어야 합니다!

현상現像하지 않는 세계, 혹은 형상型像이 없는 세계를 설득함에 있어 완전한 상태의 논리적 접근은 불가능한 것이니, 형이상의 세계란 직관적直觀的 경험에 의하지 않고서는 증명하기 어려운 상태이기 때문입니다. 따라서 불교는 부처님의 말씀(경전)을 믿고 의지하여 궁극적 목표로 안내될 수 있도록 방향을 제시하는 종교인 것입니다. 이 인간의 성性이란 최상의 본질이면서 하나이지만, 생명화하면서 나타나는 과정에서 다양한 스펙트럼을 형성하게 되는데 이것은 곧 성격性格이라 할 수 있습니다. 굳이 따진다면 성에 격이 있을 수 없겠지요. 여기에서의 성격이나 품성이라 함은 그 본질에 쌓여 있는 스펙트럼 요소를 포함한 현상까지를 의미합니다. 이는 곧 인간 행동의 품행이 됩니다. 그래서 우리는 인간 됨됨이를 말할 때 종종 성격이 좋다, 혹은 성품이 좋다, 나쁘다 등등으로 표현하게 됩니다.

물론 이 품행은 내재적 요소인 성격性格, 즉 감성感性과 외재적 요소인 지성知性을 포함하지만 감성, 즉 성품性品의 격格이 낮으면 지성으로서 품행을 제어하는 데는 한계를 가지게 되며, 성품의 격이 높으면 지성의 격이 낮다 할지라도 지혜로운 품행의 격을 이루게 되며, 이러한 품격과 품행은 인간 행복을 추구하는 질적 품위를 형성하여 인생의 실질적 행복을 영위하게 하는 근원이 됩니다.

이를 불교의 형이하학적 가치라고 한다면, 형이상학적 가치라 함은 인간 본성으로의 완전한 회복입니다. 이것은 불교가 추구하는 절대적 평화와 행복의 가치이며 종교의 궁극적 가치라 할 수 있습니다.

불교는 최상의 진리를 추구함에 있어 다양한 방편법을 제시합니다. 이것은 직접적 수식과 간접적 수식을 통하여 인간의 다양한 스펙트럼 상의 성격을 본질로 통하게 하여 인간의 삶의 질을 향상시킴에 그 목적이 있습니다. 하지만 이러한 노력이 가끔은 그 핵심을 벗어나 변질되어 왔다는 점에 대하여는 부정할 수 없습니다.

종교가 추구하고자 하는 본질에 접근해 가는 데 있어서 길 안내자인 부처님의 방편은 다양한 경전으로 나타나게 되는데, 이것은 똑같은 산을 등반함에 있어 각기 다른 출발지점을 선정하고 바라본 경관과, 같은 경치를 정상에서 바라보며 주변의 경관을 설명하는 것과 같이 해석될 수 있습니다.

이러한 불교의 방편과 수단을 단순히 비교하거나, 단지 깊든 얕

든 개인의 학문적 논리로 해석하는 것은 마치 출발점에서 정상의 경관을 더듬어 비교하는 것과 같아서 매우 중대한 우우(愚偶)를 범할 수 있음을 유의해야 할 것입니다.

21. 진리와 실천의 삶

왜 진리를 깨우쳐야 하고, 그것이 우리 인류에 미치는 영향은 무엇인가?

이 세상엔 진리의 깨달음에 대한 방편과 진리에 대한 속성들을 설하는 글과 말이 너무 넘쳐납니다. 어찌 보면 그 요리조리 따져서 더듬어 내놓는 논리 자체가 오히려 혼란을 가져오지는 않는지? 그렇게 따져서 진리의 속성들이 알아진들 과연 그것이 자신과 우리 생활에 얼마만한 보탬이 되는 것일까? 이 글을 정리하면서도 제 스스로에게 물어보게 됩니다.

어찌 보면 열 마디의 말보다 한 번의 실천이 오히려 삶에 이익이 됨을 인식해야 되리라 생각합니다. 그렇습니다. 그 길로 나아가기 위해 목적지의 모양을 상상하는 데 도움은 되겠지요, 그래서 그 상상을 실현하기 위해 나아가며, 어렵고 힘든 일이 있다 하더라도 말씀에 따라 참고 인욕심을 키우며 그 목적지로 나아가게 되겠지요. 앞서간 선각자들이 그러하였듯이 만법귀일萬法歸一, 하나 속에 일체가 있고 일체 속에 하나 있듯, 현재의 삶이 고苦이니 그것을 벗어나고 싶은 인간 심리가 그 자체일지도 모르지요. 그래서 진리의 그 길에 들어서는 것 자체로서 이미 마음의 설렘이 되고, 조금만 다가가도 감동의 눈물이 되고, 이 모든 것을 뭐라 설명할 수 없는 마음에 울림이 있기 때문이란 것은 인정합니다. 그래서 저는 말씀드리고 싶습니다.

앞에서 내놓은 글들은 학문적 접근에 의한 논리적 결과가 아니라 참선 정진 중 선정에서 의도와는 무관하게 불현듯 빨려 들어간 실체적 현상에 대한 과학적·경전적 체득이 실재적 합치성을 확인하고 그것을 증명하기 위한 수단으로써의 논리적 접근, 그것도 현대인들의 교육 관습에 초점을 맞추어 좀 더 쉽게 이해를 돕기 위해 과학적 논리로 경전의 말씀을 접목시키게 된 점들이란 것을 이해해 주셨으면 합니다. 좀 특별하고 남다른 체득이긴 하였지만 이것을 증명하기 위한 경전적 접목을 위해 불교대학에 등록하여 공부하는 동안 이와 같은 증득이 이미 부처님 시대에 불교 통합교단을 설립하는데 한 주축이 된, 인도 철학파 상키야 철학에서 주장하고 있는 근거를, 공부를 시작한 지 얼마 되지 않아 발견하게 되었습니다. 물론 그것이 현대와 같은 과학적 용어는 사용하지 않았지만 그 이치가 너무나 똑같다는 데 한 번 더 놀라지 않을 수 없었습니다. 즉 진리의 체득은 논리적 증명이 수반될 때 비로소 그 힘을 갖추게 된다는 것입니다. 아니면 그냥 혼자 아는 것이지요. 또 사도로 흐를 수 있는 위험도 있습니다.

아무튼 이러한 진리의 체득을 무엇 때문에 해야 하는가? 그리고 무얼 할 것인가를 자신에게 되묻지 않을 수 없었습니다. 그렇습니다. 무엇 때문에 진리의 발견에 그토록 많은 시간과 에너지를 바쳐야만 했을까요?

우선은 나 자신이 진리라는 속성에 포함된 하나의 개체라는 것입니다.

'일중일체다중일'이고 '일미진중함시방'이란 것입니다. 이 마음 안에 우주를 품고 있고 우주가 이 마음을 품고 있습니다. 그 씨앗을 품고 있었던 것이죠! 그 씨앗이 발아된 것이 발심이었고요. 마음의 세계가 그러하니 머리로 판단할 수 없었던 것이고, 마음의 세계를 무지한 머리가 따라가다 보니 혼란스럽고 괴로움의 연속이었던 것이죠. 보통의 삶 이상으로 계산이 안 나오는 행동을 하였던 것이고, 이제 그 마음의 세계로 하나둘 다가갈 때 그것을 마음이 긍정으로 받아들임으로써 혼란과 평정을 찾게 되었던 것이었죠. 그러므로 제게 이 길은 선택이 아니라 강력한 생의 옵션과 같은 것이죠. 모든 인류가 다 이와 같은 이치로 인연되어 태어나고 살아가게 된다는 것도……. 그 그릇 만큼.

어떻게 살 것인가?

'우보익생만허공 중생수기득이익'이라. 현재의 삶이란 인연 따라 나타날 것이니, 원을 세우되 집착하지 않는 마음으로 오롯이 현재의 삶을 살펴 사노라면 그릇 따라 이루어지리니, 즉 마음 세계가 이미 마음을 품고 있으니 이것이 모든 불자들이 사는 길이라 생각합니다.

22. 숙원을 풀다

회향

그동안 20여 년 산천을 돌며 쌓아올린 부처님 법 아래, 회향처 마련을 지극히 발원하여 기도한 공덕으로 참으로 믿기 어려운 부처님 가피가 고목에 꽃이 피듯, 50대 후반 나이에 해외 취업에 성공하였습니다. 그 덕으로 국내에 돌아와 강원도 횡성에 회향할 터전인 토굴을 마련하고, 2016년 12월 첫 동안거 겸 도반 거사 한 분과 용맹정진에 들어갔습니다.

안거가 끝나고 세상에 나가기 위한 준비를 위해 우선 그동안의 수행으로 알아차린 경험들을 틈틈이 정리해 놓았던 글들을 모아 출판 준비를 시작했습니다.

정리를 마치고 출판을 위해 출판사에 송고하려 할 즈음, 도반으로부터 이상한 소식이 왔습니다. 조계종에서 은퇴자 출가 제도가 입안되었다고 하니 알아보란 것이었습니다.

정보를 종합 검토해 보았으나 매우 실망스러운 것이었습니다. 공무원 채용 조건보다도 더 어려운 조건은 61세 이하, 사회 경력 15년 증명, 건강 증명, 국민연금 가입이 된 증서, 의료보험 가입 증서, 전과기록 조회, 출가 사찰에서만 행자 1년, 사미 4년, 일반선원 입방 불가, 강원 불가(졸업자격 없는 청강 가능), 비구계 이후 피선거권 없음, 선거권 없음, 비구 10년 후 주지 불가······. 차라리 사찰의 무급 처사보다도 못한 제반 조건들과 하물며 사찰이나 종단이나 송장 치우기 싫다는 듯 보였고, 심지어 출가 사찰 스님들마저 송장 치울 일 있느냐? 하며 비토를 하였으니······ 과연 이 제도가 진정 누구를 위한 제도인가 싶었습니다.

그러나 그동안 재가에서 닦은 득력이 있어, 사미계만 받고라도 어느 유명한 스님처럼 나의 길을 가련다란 각오로 출가 결심을 하고 서류를 제출, 행자 생활이 시작되었습니다.

밖에서 바라보았던 스님들 세계와 실제 제도 속으로 들어간 행자 생활은 환갑의 나이엔 초인적 생활이었습니다. 모든 스님들도 이러한 과정을 넘어 왔겠구나! 싶어 경이롭다는 존경심마저 새로워졌습니다. 그러나 신심도 결국 체력적 한계에 항복하게 됨을 처음 알게 되었습니다.

새벽 2시 반 기상에 도량석, 대종, 예불, 백팔배, 공양간 수발 및 스님들 공양간 수발, 택배 우편물 수발, 도량 청소, 정리, 각종 재 재물 준비, 개인 수행 염불 및 암송 등 2달여 동안 초인적 생활에 체력의 한계가 오면서 그 건강하던 체력이 방전되고 병이 와서 병원을 찾았습니다. 소임을 좀 줄여달라는 청을 하였지만 거부당했습니다. 애초에 대중 스님들의 비토에도 억지 출가를 하였으니 그 청이 받아들여지기 쉽지 않았을 것입니다. 아! 이래서는 1년 이상 되는 행자 생활의 끝을 내기가 어렵겠구나! 싶었습니다. 체력에 부치는 한계는 방법이 없었고 스님들께 폐가 된다는 생각에, 예전에 교분이 있던 스님께 상담해서 사찰을 한 번 옮겨 전후사정을 말씀드렸습니다. 체력적 핸디캡을 감안하여 소임을 주지스님 시봉으로 한정지어 남는 시간은 틈틈이 정진하며 우여곡절 지나갔습니다.

그러다가, 이 시점이 되어서야 스스로에게 반문해 보았습니다. 내가 지금 무엇을 하고 있는가? 무엇을 위해 출가를 꼭 해야 하는가? 꼭 출가가 필요한가? 등등의 의심이 생기기 시작했습니다.

그렇습니다. 처음 발심은 막연히 무엇인가에 이끌리다시피 무엇을 하겠다는 의지도 목적도 없이 그냥 끓어올랐던 마음으로 이 길로 들어섰습니다. 그리고 그 힘으로 득력도 하였습니다. 그러나 지금은 어떤 전법이란 목적에 의해서, 필요조건에 의하여 출가란 과정이 필요하다고 생각했습니다.

'지혜란? 자비로운 우주의 에너지다! 이 에너지는 안에만 가두어 둘 수 없는 무한한 또 다른 차원의 에너지이다. 이것이 곧 자비다! 그래서 나누어야 한다.' 그런데 그 나눔의 수단으로 신분이 필요하다란 생각이 들었습니다.

출중한 수행력이 있다 할지라도 그 전달자의 신분에 따라 그 신뢰도가 한계가 있음이며, 구태여 문자적·언어적 전달보다는 득력의 힘은 정진력에 나타나게 되어 있습니다. 그래서 나름 제방 선원에 나아가 스스로 정진에 힘쓰다 보면 그것이 곧 세상에 나아가는 발판이 됨을 잘 알게 되었습니다. 평소에도 '최상의 포교는 최고의

수행이다!'를 항상 피력했던 터이라, 그것의 실천이 곧 수행력이라
는 것이 평소의 소신이었습니다.

물론 재가자 신분으로 수행정진했으나 출가자처럼, 아니 더 출가
자처럼 스스로에게 계율에 엄격했고 열심히 수행했지만, 이 시점
에 이런 기회가 생겨 출가의 길을 다시 한 번 발심하게 된 것 같습
니다.

이제 부처님 전에 향 사르며…… 지나온 꿈속을 더듬으며

법향이 피어나기를 기도하며 남은 생을 다하리라 발원합니다.

산문 밖을 나와 토굴에 걸망을 풀고 산야의 눈보라를 벗 삼으
며…….

저 언덕을 바라보며

강 건너 치악산
비로봉이 아련한데

골짜기에 피는 아지랑이
원각을 설하는구나!

난간에 노는 쉬었는데
돛만 솟아 있네!

바람에 미끄러지는
뗏목이 한가롭기만 한데

언덕에 걸터앉은
사공의 피리 소리
천상의 메아리로 퍼져가네!

- *法雲*

23. 『신심명信心銘』

『신심명』은 중국 선종의 제3대 조사 승찬 대사의 시입니다. 믿는 이들이 마음에 새길 말씀들을 기록한 글입니다. 수행자의 좌우명이면서 지팡이 같은 지침서인데, 그 옛 조사님들의 선지의 말씀들을 새겨 봄으로써 공부인들의 지침서가 되기를 바라면서 현대적 관점에서 진보적으로 해석해 보려 합니다.

(너무 문자에 얽매이면 본뜻이 왜곡될 수도 있음이니 그 문자가 내포하고 있는 진의, 즉 선지를 알아차림이 중요합니다.)

至道無難지도무난이요 **唯嫌揀擇**유혐간택이라

해설: 도에 이르는 것은 어렵지 않음이요, 오직 요리조리 따져서 간택한 사구에 빠지지 말고 활구에 힘쓰라!

지극한 도는 결코 어렵지 않다. 그것은 학식이나 다양한 경험을 요구하는 것도 아니다. 다만 분간하고 선택하는 일만 그치면 된다는 것이다. 사랑도 미움을 떠나면 근심·걱정이나 갈등·괴로움이 없어진다. 깨달음이란 이처럼 단순한 곳에 있음에도 불구하고 대부분의 사람들은 여전히 애착하거나 증오하는 데서 벗어나지 못하고 있다는 것이다.

但莫憎愛단막증애하면 洞然明白통연명백하리
해설: 다만 미워하고 사랑에 빠지지 않으면 확연히 밝아지리라.
다만 분별심이 사라지면 곧 깨달음이니라.

毫釐有差호리유차하면 天地懸隔천지현격이라
해설: 털끝만큼이라도 차이가 있으면 하늘과 땅 사이로 벌어지나니.
한 생각 일어나면 생사로 떨어지나니…….

欲得現前욕득현전이면 莫存順逆막존순역하라
해설: 여여한 도에 들려거든 화두가 있을 때나 없을 때나 좋고 나쁨의 분별심을 내어 이렇게 할 것인가 저렇게 할 것인가, 할까 말까 분별하지 말라!

違順相爭위순상쟁이 是爲心病시위심병이니
해설: 가르침을 따를까 말까 갈등하는 것은 마음의 병을 만들게 됨이니.

不識玄旨불식현지하고 徒勞念靜도로염정이로다
해설: 그 가르침의 심오한 뜻은 알지 못하고 이게 맞나? 저게 맞나? 오만 가지 분별을 하면서 생각만 고요히 하려 하니, 공연히 좌복에

앉아 헛수고만 하는 꼴이 된다.

圓同太虛원동태허하야 **無欠無餘** 무흠무여거늘

해설: 둥글기가 큰 허공과 같아서 모자람도 없고 남음도 없거늘.

법성원융 본래 공하고 불구부정 부중불감하거늘, 이는 깨달음의
안목에서 우주의 형상을 설한 것이다.

과학이란 개념이 없던 시대에 우주란 텅 빈 공간이지만 그 허공에서
무궁무진한 에너지가 충만함을 발견했으며, 이것은 늘지도 줄지도
않으면서 존재하지만 현존하지 않는다. 해서 무無라 했지만 이 무無란
없다는 것이 아니라 무한한 것이라고 말하고 있는 것이다.

良由取捨양유취사하야 **所以不如**소이불여라

해설: 취하고 버림으로 말미암아 그 까닭에 여여하지 못하도다.

이 뜻은, 사랑하고 미워하는 마음으로 말미암아 마음이 한결같지
못하도다. 다시 말하면 사랑하면 집착이 생기고, 집착이 생기면 갖고
싶고, 미워하면 버리고 싶고, 버리면 괴롭고, 모든 것이 집착으로
인하여 발생하는 것이니 이 둘이 모두 고이니라.

莫逐有緣막축유연하고 **勿住空忍**물주공인하라

해설: 세간의 인연도 따라가지 말고 출세간의 법에도 머물지 말라.

세상살이를 버리고 깨달음을 구한다거나, 깨달음을 구한다고 세상을
배척한다거나 어느 것에도 집착하지 말라! 무상대도를 성취하려면
세간의 인연도 출세간법에도 머물지 말라, 있음과 없음을 다 버

려야 한다는 것이다. 그 어느 곳에도 머물지 말라는 말은 중도를
설함, 더 나아가 색色의 원인으로 유有(生)가 있고, 유의 원인으로
생生하고, 생으로 인한 연緣이 발생한다. 그러므로 세간법이라 한다.
출세간법(쏘忍) 또한 색色이니 어디에도 마음이 머물지 말라는 말은
마음이 머물면 진여를 열지 못한다는 말이다.

一種平懷일종평회하면 泯然自盡민연자진이라
해설: 한 가지를 바로 지니면 사라져 저절로 다하리라.
오로지 화두에(일념) 전념하다 보면 스스로 소멸되어(業盡) 다하리라.

止動歸止지동귀지하면 止更彌動지갱미동하나니
해설: 움직임을 그쳐 그침으로 돌아가면 그침이 다시 큰 움직임이
되나니. 움직임이 끝나면 선정에 들게 되고 그 선정을 지나면 끝을
보게 되리라. 지혜를 얻으리라! 지혜의 견지에서 무궁무진한 자비가
나오나니! 걸림 없는 움직임이 나오나니!

唯滯兩邊유체양변이라 寧知一種영지일종이네
해설: 오직 양변에 머물러 있거니 어찌 한 가지임을 알건가.
유체양변이란 편견이 생기면 본질을 보지 못함에 빠진다는 말이다.
즉 예쁘고 추한 것도 같은 종자요, 옳고 그른 것도 한 성질에서
비롯되는 것이며, 바르고 굽은 것도 한 뿌리에서 나오는 것이라는
말이다. 착한 일과 나쁜 일도 같은 성질에서 나오는 것이니 자기가
원하는 대로 될 수 있다는 말도 된다. 인색하고 후한 성질도 같은

성질에서 나오는 것이니 인색한 사람이 후한 사람이 될 수도 있고, 후한 사람이 인색한 사람이 될 수도 있으며, 실패한 사람이 성공할 수 있는 성질도 가지고 있고, 성공한 사람이 실패할 수 있는 성질도 가지고 있다는 말씀이 일종一種의 원리인데, 한쪽으로 치우치는 성질을 가지고 있는 사람은 이것이 같은 종자라는 것을 알 수 없다는 말씀이다. 법계가 한 뿌리임은 중도中道를 깨우치면 그 바른 성품을 보게 되리니.

一種不通일종불통하면 兩處失功양처실공이니
해설: 한 가지에 통하지 못하면 양쪽 다 공덕을 잃으리니.
화두 타파를 못하면, 즉 중도를 못 보면 모든 것이 다 허사이다. 세간과 출세간 모두 보람이 없다.

遣有沒有견유몰유요 從空背空종공배공이라
해설: 있음을 버리면 있음에 빠지고, 공함을 따르면 공함을 등지느니라.
버리고 따른다 함은 이미 마음을 일으키는 것이 되나니, 그 어느 양변에 치우치면 무심담담에 이르지 못함이 된다.

多言多慮다언다려하면 轉不相應전불상응이요
해설: 말이 많고 생각이 많으면 더욱더 상응치 못함이요.
도에 이를수록 말이 줄어든다는 이치이다. 만사가 이심전심으로 통하는 자리인데 왜 말이 많이 필요한가? 도와 통하면 말이 끊어지고

말이 많아지면 통하기 어려워진다.

絶言絶慮절언절려하면 無處不通무처불통이라
해설: 말이 끊어지고 생각이 끊어지면 통하지 않는 곳 없느니라.
도에 들면 이심전심으로 유통하게 되나니.

歸根得旨귀근득지면 隨照失宗수조실종이니
해설: 근본으로 돌아가면 뜻을 얻고, 비침을 따르면 종취를 잃나니.
깨닫게 되면 모든 의미에 통달하게 되고, 빛을 따르면 근본을 잃나니,
눈에 보이는 것만으로 그 근본의 뜻을 다 해득하지 못한다는 뜻이다.
가리키는 손끝을 보면 숲을 보지 못함이요, 문자에 의존하면 그
진의를 바르게 알지 못함이니, 말과 글로써는 진리를 보는 데 한계가
있음을 내포하는 말이다. 비춤이란 빛을 말하며, 빛이란 색계에
일어나는 과학적 현상이다. 종취는 최고의 가치를 잃나니.

須臾返照수유반조하면 勝脚前空승각전공이라
해설: 잠깐 사이에 돌이켜 비춰보면 앞의 공함보다 뛰어남이라.
깨닫고 보면 깨닫기 전의 공과 다름을 알게 된다. 즉 공은 공이되
진여와 색공이 뚜렷해지리니, 바꾸어 말하면 선정과 지혜를 설명하려
한 것이다.

前空轉變전공전변은 皆由妄見개유망견이니
해설: 앞의 공함이 전변轉變함은 모두 망견妄見 때문이니.

공은 변함이 없으나 깨닫기 전후 공이 변한 것은 모두 망상의 견해 차이로 인한 것이니.

不用求眞불용구진이요 唯須息見유수식견이라
해설: 참됨을 구하려 하지 말고 오직 망령된 견해만 쉴지니라.
무엇을 구하려 하면 한 생각이 일어남이며 이것이 망령이니, 내려놓으란 뜻이 된다.

二見不住이견부주하야 愼莫追尋신막추심하라
해설: 두 견해에 머물지 말고 삼가 쫓아가 찾지 말라.
옳고 그름, 이것저것 분별에 머물지 말고, 하물며 찾아서 쫓지 말라.

才有是非재유시비하면 紛然失心분연실심이니라.
해설: 잠깐이라도 시비를 일으키면 어지러이 본마음을 잃으리라.
한 마음 일으키면 진여를 보지 못하리라.

二由一有이유일유니 一亦莫守일역막수하라
해설: 둘은 하나로 말미암아 있음이니 하나마저도 지키지 말라.
한 마음 일어나므로 옳고 그름의 분별심이 생기니 그 하나마저도 놓아라.
선정은 일심이니, 이 일심은 분별을 일으킬 수 있는 마음으로 떨어질 수 있으니 지혜로 나아가야 함을 말한다.

一心不生일심불생하면 萬法無咎만법무구니라

해설: 한 마음이 나지 않으면 만법이 허물이 없느니라.

선정마저 사라지고 지혜로 나아가면 진리가 밝아지리니, 한 생각 사라지면 만법이 평등하리라!

無咎無法무구무법이요 不生不心불생불심이라

해설: 허물이 없으면 법이 없고, 나지 않으면 마음이랄 것도 없음이라.

허물이라 함은 옳고 그름이 시작됨이니 이는 한 마음이 바탕이요, 법이란 한 마음이 일어 피어나는 생기生起의 이치이니 만법이 되고, 허물이 없으면 법도 없다는 뜻이 되고, 무심·무생함이라 한다. 즉 진리의 진여를 말함이라!

能隨境滅능수경멸하고 境逐能沈경축능침하야

해설: 주관은 객관을 따라 소멸하고, 객관은 주관을 따라 잠겨서.

이 또한 어려운 말이다. 그러나 문맥의 흐름으로 살펴보면 무구무법이요 불생불심이니, 하나는 전체 속에 하나이며 전체는 하나를 수용하고 있다.

다시 설명하면 선정은 지혜를 밝힘으로 소멸하고, 지혜는 선정으로 말미암아 수용되었다.

境由能境경유능경이요 能由境能능유경능이니

해설: 객관은 주관으로 말미암아 객관이요, 주관은 객관으로 말미암아

주관이니.

능수경멸 경축능침의 역설적인 설명이다. 즉 지혜를 밝힘은 선정에 있으며, 선정은 지혜의 바탕이다.

欲知兩段욕지양단인댄 元是一空원시일공이라

해설: 양단을 알고자 할진대 원래 하나의 공空이니라.

이 둘을 구분지어 알고자 하여도 이는 본래 하나의 공이니라.

원시일공은 진여일체를 말함인데 여기에서 진공묘유가 발생한다. 여기서 색이 시작하는 색공이 발생하고, 그 색공이 삼라만상을 품고 있다. 양단이란 진여일체가 묘유를 품고 있음을 의미한다. 그래서 진여는 무이고, 무에서 유가 나오고 유에서 무가 나옴을 일러 해탈이라 한다.

一空同兩일공동양하야 齊含萬象제함만상하야

해설: 하나의 공은 양단과 같아서 삼라만상을 함께 다 포함하여.

하나의 공은 둘과도 같아 만법을 품고 있다. 이를 제법공상이라 한다.

不見精麤불견정추어니 寧有偏黨영유편당이니라

해설: 세밀하고 거칠음을 보지 못하거니 어찌 치우침이 있겠는가.

깨끗하고 더러움을 보지 못하니, 불구부정하야 치우침이 없으니 편안함이다. 진여를 말함이라!

大道體寬대도체관하야 無易無難무이무난이거늘

해설: 대도는 본체가 넓어서 쉬움도 없고 어려움도 없거늘.

대도는 도량이 한량하야 걸림이 없으니.

小見狐疑소견호의하야 轉急轉遲전급전지로다

해설: 좁은 견해로 여우 같은 의심을 내어 급하게 서둘수록 돌아가게 되니 더 더디어지도다.

執之失度집지실도이니 必入邪路필입사로요

해설: 집착하면 법도를 벗어나 반드시 삿된 길로 들어가게 되고.

放之自然방지자연이니 體無去住체무거주라

해설: 놓아버리면 자연히 본래로 되어 본체는 가거나 머무름이 없도다.

마음을 비우면 자연 본래로 되어 진리, 본체, 공은 가고 옴이 없다.

任性合道임성합도하야 逍遙絶惱소요절뇌하고

해설: 자성에 맡기면 도에 합하여 소요하여 번뇌가 끊기고.

繫念乖眞계념괴진하야 昏沈不好혼침불호니라

해설: 생각에 얽매이면 참됨에 어긋나서 혼침함이 좋지 않느니라.

화두를 요리조리 논리적 해석을 하여 풀려고 하면 참 진리에의 접근이 어긋나서 혼침이 따라오니 좋지 않다.

不好勞神불호노신커든 何用疎親하용소친가

해설: 좋지 않으면 신기를 괴롭히거늘 어찌 성기고 친함을 쓸 건가.

혼침이 와서 마음을 괴롭게 되니.

欲趣一乘욕취일승이거든 勿惡六塵물오육진하라

해설: 일승으로 나아가고자 하거든 육진을 미워하지 말라.

성불을 이루고자 한다면 육근(색성향미촉법)을 청정히 하고 악행을
말라.

六塵不惡육진불오하면 還同正覺환동정각이라

해설: 육진을 미워하지 않으면 도리어 정각正覺과 동일함이라.

육근을 청정히 하면 합치하여 정각을 이루게 된다.

안이비설신의가 머무는 자리, 색성향미촉법이란 곧 마음이 청정하
면 정각과 동일함이라.

智者無爲지자무위어늘 愚人自縛우인자박이로다

해설: 지혜로운 이는 함이 없거늘 어리석은 사람은 스스로 얽매이
도다.

지혜를 얻은 이는 인연因緣에 의依하여 이루어지지 않고 생멸生滅
불변不變하며, 깨달음에 이르지 못하면 스스로 생멸의 속박에 매인다.

法無異法법무이법이거늘 妄自愛着망자애착이로다

해설: 법은 다른 법이 없거늘 망령되이 스스로 애착하여.

將心用心장심용심하니 豈非大錯기비대착이라

해설: 억심의 마음을 가지고 마음을 쓰니 어찌 크게 그릇됨이 아니랴.

마음을 가지고 마음을 쓴다는 말은 자기가 한 말이나 행동을 스스로 변명하거나 덮어버리려고 하는 마음이다. 이렇게 마음을 쓰는 것이 어찌 큰 착각이 아니겠는가?

迷生寂亂미생적란이요 悟無好惡오무호오라

해설: 미혹하면 고요함과 어지러움이 생기고, 깨치면 좋음과 미움이 없거니.

一切二邊일체이변은 良由斟酌양유짐작이로다

해설: 모든 상대적인 두 견해는 자못 짐작하기 때문이로다.

이것이 옳다 그르다 하는 견해가 다름은 주관적 짐작이로다.

夢幻空華몽환공화를 何勞把捉하로파착이로고

해설: 이생의 삶이 모두 꿈속의 번뇌망상인데 어찌 애써 잡으려 하는가.

得失是非득실시비를 一時放却일시방각하라

해설: 얻고 잃음과 옳고 그름을 일시에 놓아버려라.

眼若不睡안약불수면 諸夢自除제몽자제요

해설: 눈에 만약 졸음이 없으면 모든 꿈 저절로 없어지고.
혜안이 열리고 진리의 눈으로 보면 모든 원리전도몽상(뒤바뀐 꿈)이
저절로 사라지니라.

心若不異심약불이면 萬法一如만법일여니라
해설: 마음이 반야와 다르지 않으면 만법이 일체 한결같으니라.

一如體玄일여체현하야 兀爾忘緣올이망연하니
해설: 한결같음은 본체가 현묘하여 올연히 인연을 잊어서.
진여眞如의 이치理致가 평등과 차별이 없어 일체가 오묘하고, 인연이
끊어져 고요하구나!

萬法齊觀만법제관에 歸復自然귀복자연이니라
해설: 만법이 다 현전함에 돌아감이 자연스럽도다.
만법이란 우주에 펼쳐지는 자연 질서이며, 모두 현전 가지런하고,
만법이 또 하나로 돌아가는구나!(만법귀일) 생멸이 일체의 안에서
일어나네!

泯其所以민기소이하야 不可方比불가방비라
해설: 그 까닭을 없이 하면 견주어 비할 바가 없음이라

止動無動지동무동이요 動止無止동지무지니
해설: 그치면서 움직이니 움직임이 없고, 움직이면서 그치니 그침이

없나니.

정지해서 움직이고(自轉), 움직이면서 벗어나지 않으니 정지해 있는
것과 같아(空轉).

兩旣不成양기불성이라 一何有爾일하유이니라

해설: 둘이 이미 이루어지지 못하거니 하나인들 어찌 있을 건가.

진여일체가 진공이라 결합 융기가 일어나지 못하니 여여함인데,
하물며 어찌 하나가 있을 수 있겠는가?

究竟窮極구경궁극하야 不存軌則부존궤칙이요

해설: 구경하고 궁극하여 일정한 법칙이 있지 않음이요.

지극히 도에 이르니 일정한 법칙이 있는 게 아니고.

契心平等계심평등하야 所作俱息소작구식이로다

해설: 마음에 계합하여 평등해지니 짓고 짓는 바가 함께 쉬도다.

닦음으로 죽 끓듯 일어나던 마음이 사라지고 밥이 다 지어지니
마음이 평등해짐이요, 요리조리 작당을 일으키던 마음을 다 놓게
되느니라.

狐疑淨盡호의정진하면 正信調直정신조직이라

해설: 여우 같은 의심이 다하여 맑아지면 바른 믿음이 고루 곧아
지며.

一切不留일체불류하야 無可記憶무가기억이로다

해설: 일체가 머물지 아니하여 기억할 아무것도 없도다.

이 말은 심약불이心若不異면 만법일여萬法一如라는 지경에 들어서면 식이 밝아 가히 선정에 들어 있으니, 머무는 바도 없고 쌓임이 없어 기억이 없음이라 했다.

虛明自照허명자조하야 不勞心力불로심력이라

해설: 허허로이 밝아 스스로 비추나니 애써 마음 쓸 일 아니로다.

허공이 밝아져서 스스로 비추니 마음이 힘들게 애쓰지 않아도 순탄하게 공부를 지어간다 함이다. 비유를 하면 파고가 출렁이는(산란한 마음) 강물에 뗏목을 띄워 놓고 파고를 헤쳐 가느라 힘차게 노를(화두) 저어야 했는데, 파도가 잠잠해지니(조용해진 마음) 노는 올려놓고 돛만 올리고 바람이(선정) 부는 것만 바라보고 있노라면 뗏목이 미끄러지듯(지혜) 강물을 지나는구나!

非思量處비사량처라 識情難測식정난측이로다

해설: 생각으로 헤아릴 곳 아님이라, 의식과 망정으론 측량키 어렵도다.

마음이 사라진 무심의 자리이니 생각으로 헤아릴 수 없고, 의식과 뜻 모두 마음의 작용이니 측량이 어렵다 함이다.

眞如法界진여법계엔 無他無自무타무자라

해설: 바로 깨친 진여의 법계에는 남도 없고 나도 없음이라.

진여법계는 불이不二법이다.

要急相應요급상응하면 唯言不二유언불이로다
해설: 재빨리 상응코저 하거든 둘 아님을 말할 뿐이로다.
간단히 말해서 진여는 둘이 아님이다!

不二皆同불이개동하야 無不砲容무불포용하니
해설: 둘 아님은 모두가 같아서 포용하지 않음이 없나니.
둘 아님이란 모두가 평등함이요, 포용하지 않음이 없음이란 어느
것이나 결합 또한 가능하다는 의미도 내포한다.

十方智者시방지자가 皆入此宗개입차종이라
해설: 시방의 지혜로운 이들은 모두 이 종취로 들어옴이라.

宗非促廷종비촉연이니 一念萬年일념만년이라
해설: 종취란 짧거나 긴 것이 아니니 한 생각이 만년이요.

無在不在무재부재하야 十方目前시방목전이로다
해설: 있거나 있지 않음이 없어서 시방이 바로 눈앞이로다.
시공이 사라진 세계에서는 한 생각 일으키면 찰나에 오고 감이 자
유로우니. 이것이 곧 온 세계 우주의 공간이 모두 목전이라 한다. 무량
원겁즉일념無量遠劫卽一念이요 일념즉시무량겁一念卽時無量劫이로다.

極小同大극소동대하야 忘絶境界망절경계이로다

해설: 지극히 작은 것이 큰 것과 같아서 상대적인 경계 모두 끊어지고.
티끌이 모여 우주를 이루고 우주가 티끌을 품었으니, 네 것 내 것이
사라져서 분별이 끊어졌네! 일미진중함시방一微塵中含十方하고 일체
진중역여시一切塵中亦如是하며.

極大同小극대동소하야 不見邊表불견변표하고

해설: 지극히 큰 것이 작은 것과 같아서 그 끝과 겉을 볼 수 없음이라.
일체진중함시방一切塵中含十方하고 일미진중역여시一微塵中亦如是
하니, 즉 우주가 티끌을 품었으니 증지소지비여경證智所知非餘境이
라. 그 진성 일체만법이 본래 없어 공적한지라, 그 형상이 보이지
아니하니 그 모양이 어떠하다고 설명할 수도 없고, 이와 같은 진성의
경계는 깨쳐서 증득한 불佛의 지혜로 아는 것이지 사람의 경계로는 알
수 없는 것이다.

有卽是無유즉시무요 無卽是有무즉시유니

해설: 있음이 곧 없음이요, 없음이 곧 있음이니.
무에서 유가 나오고, 유에서 무로 돌아가니 그 사이에 진공묘유가
있다.
있는 것도 없는 것도 아니니 진성심심극미묘라. 이것은 생멸법이라고
도 하고 생과 해탈이라고도 한다. 과학이 없던 시대에 대단한 발견과
증오인 것이다.

若不如此약불여차인대 不必須守불필수수니라

해설: 만약 이 같지 않다면 반드시 지켜서는 안 되느니라.

이것이 진리가 아니면 믿어서는 아니 되는 것이다. 혹은 일체종지를 이룰 수 없느니라.

一卽一切일즉일체요 一切卽一일체즉일이라

해설: 하나가 곧 일체요, 일체가 곧 하나이니.

일미진중함시방一微塵中含十方하고 일체진중역여시一切塵中亦如是하기 때문이라. 한 티끌이 우주를 이루고, 우주는 한 티끌을 품었음이라. 혜안으로 본 우주의 실체(「법성게」에서 해석함).

但能如是단능여시하면 何慮不畢하려불필이니

해설: 다만 능히 이렇게만 된다면 마치지 못할까 뭘 걱정하랴.

깨치고 나면 모든 의혹이 사라져버리므로 요리조리 의심할 여지가 없어지니, 신심이 되느니라.

信心不二신심불이요 不二信心불이신심이니

해설: 믿는 마음은 둘 아니요, 둘 아님이 믿는 마음이니.

지혜의 안목인 것이다. 마음에 의혹이 사라지면 일심이 되니 이심전심이요, 신심이 크면 신념信念이 된다. 이것은 곧 생명인 것이다.

言語道斷언어도단하야 非去來今비거래금이로다.

해설: 언어의 길이 끊어져서 과거·미래·현재가 아니로다.

언어의 길이 끊어진 자리란 어떤 자리인가? 불이不二하고 둘이 없으니 마음과 마음이 따로 없다. 그러므로 말이 필요 없다. 네 것이 내 것이고 내 것이 네 것인 것이다. 그러므로 이심전심으로 통한다. 과학적 근거로 해석하면 진공인 상태에서는 파장이 생기지 않는다. 그러므로 말하고 듣는 것이 불가하다. 의사 전달이 안 된다. 그러나 말없는 가운데 마음의 뜻으로 통한다. 마음이 이미 적정 고요를 이루었으니, 그 가운데 안 통할 것이 없음이 된다.

비거래금非去來今이란? 시공이 사라지니 무량원겁즉일념無量遠劫卽一念이요 일념즉시무량겁一念卽時無量劫이로다. 일념즉시무량겁의 식이 사라진다. 그럼 이 현상을 무엇으로 설득하랴? 그렇다. 이 모든 현상은 일념 즉시 체득할 수 있음이다. 따라서 일념이 되게 함은 선정에 든다는 것이고, 그로 인해 지혜가 열린다는 뜻이 된다. 그럼 일념에는 어찌해야 들게 되는가? 유사 이래로 수억 겁(이 겁 속에는 축생을 포함한 겁) 생사를 반복하며 살아오는 동안 축적된 업식을 다 녹여내면 마음이 환히 밝아지리니 곧 선정에 드니라. 선정과 지혜는 전등이 하나 켜져 있는 데에 전등이 하나 더 켜지는 것과 다름없나니, 그 또한 둘이 아니다. 지혜는 선정으로 인함이니……

업이란 마음에 쌓여오는 동안 시간이 존재한다. 동시에 그 시간·때의 공간을 함께 기억하는 것이 마음의 세계이다. 그러므로 마음에 업이란 식이 사라지면 맑아져서 일심이 되고, 끝내는 마음까지 사라지는 것을 무심이라 한다. 그렇다고 무심이란 사라졌다고 없어진 것이 아니라 업의 집적이 사라진다는 뜻이다. 곧 마음을 쓰되 머물지 않는다는 뜻이다. 그러므로 업의 기억들조차 사라지고 마음이 자유자재가 되므로 마음먹은 대로 마음이 작용한다. 그래서 시공을 초월함이 여기에서 나옴이다. 초발심시변정각이 된다.

지금까지 『신심명』의 저 깊은 선지를 독자님들의 이해를 돕기 위해 너무 많은 말을 했습니다. 결국 그것을 다 알고 다 이해했다고 하여도 안 만큼 행하지 못하면 아무것도 안 것이 없음입니다. 문자가 발달하지 않았던 시대에 옛 선각자들은 꽉 막힌 곳을 면벽 수 년만에 참 진리를 발견하였고 해탈 경지에 도달하였습니다. 더 이상의 말이 필요 없는, 설명이 필요 없는 곳을 스스로 참구하면 단박에 생사해탈에 도달하게 되고, 그 길은 끝이 없는 길입니다. 같은 곳을 바라보는 모든 선남자 선여인님들께 응원을 보내드립니다. 합장.

법운法雲

30대 초반에 영국, 미국 등과 기술 제휴한 화력발전제어 벤처중
소기업을 창업하여 중견기업으로의 꿈을 이룰 즈음, 불현듯 발심
하여 1997년 43세 중년의 나이에 숙세의 인연이던 봉화 축서사
무여無如 큰스님을 인연으로 출가를 청하였으나 스님의 "아무것
도 결정하지 말고 화두를 열심히 들다 보면 스스로 답을 얻을 것
이다!"라는 말씀과 조계종단의 제도적 한계로 축서사 산문 골짜
기에서 토굴수행(재가자 수행)을 하였다. 이후 선지식들의 지도를
받으며 전국의 재가 선원에서 안거수행을 하였으며, 특히 학림사
와 축서사 춘추용맹정진에는 15회 이상 참여하였다. 2017년 은
퇴자 출가 제도를 통해 출가의 꿈을 이루었으며, 현재 횡성의 '한
울선원'(강원도 횡성군 강림북2길 66 / 010-7456-6294) 토굴에서
수행 중이다.

너울치는 삶에서 달을 건져라

초판 1쇄 인쇄 2021년 5월 26일 | 초판 1쇄 발행 2021년 6월 4일
지은이 법운 | 펴낸이 김시열
펴낸곳 도서출판 운주사

      (02832) 서울시 성북구 동소문로 67-1 성심빌딩 3층
      전화 (02) 926-8361 | 팩스 0505-115-8361
ISBN 978-89-5746-653-7 03220 값 15,000원
http://cafe.daum.net/unjubooks 〈다음카페: 도서출판 운주사〉